QUAND LE MAÎTRE EST PRÊT...

LE MAÎTRE APPARAÎT !

Ce livre est pour vous qui êtes prêt à devenir un maître.

Non pas un disciple, mais bel et bien un maître.

Non pas le genre de personnage qui croit détenir à lui seul toute la Vérité.

Non plus qu'un maître reconnu officiellement, diplômes à l'appui, par telle ou telle école de pensée.

Mais quelqu'un qui est maître de sa propre vie et qui ne demande qu'à apprendre ce qu'il est vraiment, puis à l'expérimenter, pour ensuite mener sa propre vie selon ce qu'il aura découvert.

Que l'Esprit Saint descende sur chacun de vous.

Table des matières

Deuxième partie : Textes, histoires et réflexions

Troisième partie : Le merveilleux mystère de l'incarnation

Introduction

Quand le maître est prêt...
le maître apparaît !

Eh oui ! vous avez bien lu. Il n'est pas question ici de disciple mais de maître. Et pourquoi ? Tout simplement parce que l'ère des relations maître-disciple est révolue. Elle est, je l'espère du fond du cœur, en voie d'extinction dans un monde qui a franchi le cap des années 2000. Depuis au moins une bonne vingtaine d'années, nous avons vu un nombre impressionnant de ces maîtres émerger de la foule. Chacun à sa façon, ils se sont mis à répandre leur sagesse autour d'eux, dans des chaires religieuses, des *ashrams*, des sectes, des groupes de méditation ou de croissance personnelle. Enfin, partout où se retrouvaient des chercheurs de vérité en manque de leaders spirituels.

Certains de ces maîtres, bien peu à notre avis, ont accompli leur mission sans tomber dans le piège béant du pouvoir et de l'argent. Ces anges incarnés sont en effet venus parmi nous pour éveiller notre conscience. Mais ils avaient quand même un ego, donc une contrainte incontournable pour un Esprit qui a décidé de s'incarner dans une enveloppe humaine. Car celle-ci est gérée obligatoirement par un cerveau dont la priorité est de mener sa barque comme le ferait tout bon capitaine : en étant le seul maître à bord !

Ces maîtres, saints, papes, gurus ont certes accompli de grandes choses. Mais nombre d'entre eux ont oublié l'essentiel, soit de remettre le pouvoir entre les mains des gens qu'ils éveillaient. Nommez-nous une seule religion qui incite ses fidèles à en sortir aussitôt qu'ils n'en ont plus besoin, et nous vous remettrons un trophée. Les religions sont comme des ruisseaux qui aboutissent forcément à la mer, là où se trouve une spiritualité dénuée de tout dogme. Mais avec leurs hiérarchies et leurs règles souvent sectaires, les religions, pour la plupart, affirment leur supériorité ou, pire encore, l'infaillibilité de leurs représentants. Ce faisant, les ruisseaux se prennent alors pour la mer et s'éloignent peu à peu de leur véritable mission. Lorsqu'on entre dans un groupe spirituel hiérarchisé sans être maître, on est forcément un disciple. On doit alors se plier aux enseignements et aux consignes de l'autorité, soit de nos maîtres... Cette manière de faire est maintenant dépassée.

Dans les années 70, la période *Peace and Love* puis, un peu plus tard, sa suite logique, le Nouvel Âge, laissaient espérer la venue d'une nouvelle ère. L'humain allait enfin se prendre en main. Mais ce rêve a été étouffé dans l'œuf quand les fumées des drogues devenues populaires et les vapeurs d'encens eurent pris le dessus... Encore une fois, l'odeur de l'argent et du pouvoir, la suprématie du fort par rapport au faible, du guru par rapport au disciple ont éteint rapidement ce rêve de libération.

Tout n'est quand même pas négatif...

On a tout de même vu, durant cette période, un nombre impressionnant de gens qui ont éveillé leur conscience, même si plusieurs y ont laissé des plumes. Certains ont dû quitter leur religion et devenir complètement athées pour finalement redécouvrir Dieu. Un Dieu intérieur cette fois, sans lois ni interdits comme c'était le cas auparavant. D'autres ont dû goûter à la rigueur des sectes pour pouvoir en être saturés – rien ne vaut l'expérience. Ils en sont ressortis plus forts, convaincus qu'ils étaient capables d'accéder par eux-mêmes à l'autonomie spirituelle. D'autres enfin ont préféré s'enfermer dans des religions sectaires qui leur apportaient la sécurité ainsi que l'assurance du salut exclusif à la fin de leurs jours. À chacun sa voie ; à chacun sa vérité, son libre arbitre.

Dans tous les cas cités dans le paragraphe précédent, avez-vous remarqué qu'il est toujours question de relations maître-disciple, comme c'est le cas dans la société en général : patron-ouvrier, parents-enfants ? Dans ce livre, nous allons traiter d'une relation de maître à maître, et cette relation, nous allons l'entretenir du mieux que nous le pourrons avec le lecteur. Entre nous et vous, rien ni personne ne sera considéré comme inférieur ou supérieur à cause de l'étendue de ses connaissances, de son rang ou de son titre. Il n'y aura que des Esprits incarnés qui cheminent différemment sur la voie d'une même vérité.

Mais quelle est-elle cette vérité ?

Qui donc peut se vanter de cerner la vérité puisque celle-ci est infinie ? Chaque être humain en découvre une parcelle au fil des jours, tout au gré de ses expérimentations. Il en fait ensuite profiter les autres, à la manière d'une roue mouillée qui tournerait sur le sable et qui, tout au long de son périple, accumulerait sur sa surface des millions de grains de sable, tous différents les uns des autres. Tous les Esprits qui peuplent l'univers sont issus d'une seule et même source, une source divine qui n'attend d'eux qu'une chose : qu'ils expriment et expérimentent sa divinité. Chaque Esprit qui naît est comme un enfant ; il est pur, mais inconscient de sa pureté. Puis cet enfant grandit et il prend peu à peu conscience de ce qu'il est avant de retourner à sa source. Mais n'allons pas plus loin pour le moment ; nous reparlerons de cela en détail un peu plus tard.

Revenons plutôt à cette relation que nous privilégions par-dessus tout et que tous les chercheurs de vérité de bonne volonté auraient avantage à établir entre eux, soit une relation basée sur l'égalité de tous les humains. Nous sommes tous des maîtres en devenir, mais nous ne le savons pas. La plupart d'entre nous ont appris très tôt à se taire, à constater puis à nourrir leur petitesse, à se considérer comme des pécheurs et à ne jamais, au grand jamais, oser questionner pour éclaircir le mystère. En d'autres mots, il était recommandé de se fondre dans la masse et de déranger le moins possible. C'est pourquoi la plupart d'entre nous se sont contentés, pendant bien des années, de s'éveiller à la spiritualité, à la conscience nouvelle. Nous nous sommes ensuite rendormis paisiblement, satisfaits du travail accompli, nous croyant rendus au bout de notre route d'évolution et nous convainquant qu'il suffisait de quelques *aoum* par jour pour nous maintenir élevés à l'intérieur de notre bulle.

Eh ! Oh ! C'est bien beau d'être éveillés, encore faut-il ne pas retomber dans la soumission dont on a voulu s'affranchir en délaissant les grandes religions. Après l'éveil, vient le temps d'élever nos consciences à un niveau supérieur, celui que nous avons toujours cru adéquat, selon ce qu'on voulait bien nous faire croire. Cette élévation se traduit par une grande ouverture d'esprit qui nous laisse entrevoir la possibilité d'accéder à la santé parfaite, à l'immortalité, à la perfection sous toutes ses formes. Ce n'est pas rien, n'est-ce pas ? On a toujours cru que seuls les maîtres dignes de ce nom pouvaient atteindre de tels niveaux, et cela, après d'interminables heures de méditation, de pratiques ascétiques et de *je-ne-sais-trop-quoi.* Ce qui nous ramène à la case de départ : le maître et le disciple, pas les deux à la fois.

L'ère du Verseau qui est à nos portes déverse déjà sur nous une quantité extraordinaire d'énergie nouvelle. Si nous acceptons de l'accueillir, nous serons propulsés, et je pèse bien mes mots, à des vitesses vertigineuses sur la voie de l'évolution. Si nous écrivons ces choses, c'est que nous les avons expérimentées et que nous les expérimentons encore chaque jour.

Tant que vous vous considérerez comme des disciples, vous resterez des disciples, et c'est ce dont nous essaierons de vous faire prendre conscience tout au long de ce livre. Le temps presse et l'univers nous oblige à agir rapidement. Il nous fournit donc les moyens nécessaires pour obtenir au plus vite notre « maîtrise » concernant notre prise en charge.

Mais il faudra casser des pots...

Cette réalité est incontournable : il nous faut reconnaître et dépasser nos vieilles croyances, même et surtout celles qui sont le plus profondément ancrées en nous. Ne sommes-nous pas la somme des croyances de nos parents, et eux, celle des leurs, et ainsi de suite ? Il serait peut-être temps de donner un grand coup de balai dans tout ça, de faire un ménage en profondeur dans ce qu'on fait *parce-que-ça-s'est toujours-fait-comme-ça* !

Dans ce livre, nous allons briser beaucoup de ces moules défraîchis. Peut-être que certaines choses vous dérangeront. C'est bon signe. Nous ne sommes pas là pour être complaisants, d'autres s'en occupent à notre place. Mais, je vous en prie, si vous êtes choqués par certains de nos propos, faites un pas de plus. Donnez une chance à votre Esprit d'aller au-delà de ce que vous dicte votre cerveau, même si celui-ci est un merveilleux outil – on ne l'utilise d'ailleurs qu'à sept pour cent de son potentiel. Et de quoi se compose-t-il ce cerveau ? Des croyances qu'on y a mises, du style « je dois me faire aimer à tout prix, la maladie est une chose normale, je m'approche de ma mort à chaque jour, je suis un être mortel, je dois souffrir pour grandir, je ne mérite que ce que je vaux, surtout pas le meilleur », etc. Eh oui ! Pouvez-vous imaginer que nous consacrons 100 % de notre temps à utiliser un minime 7 % de notre cerveau ? Un cerveau rempli des programmations limitatives introduites par nos ancêtres, nos parents, nos éducateurs, par les religions, publicités, gouvernements, et j'en passe.

Nous essaierons donc d'extirper toutes ces limitations de votre mental afin que ce pourcentage puisse augmenter. Mais, pour cela, vous devrez lutter contre votre cerveau, car celui-ci essaiera continuellement de vous ramener à l'ordre, envers et contre tous. Il vous dira que vous exagérez, que les choses doivent être comme elles ont toujours été, comme la réalité en laquelle il a toujours voulu que vous croyiez. C'est la raison pour laquelle les gens comme nous dérangent, car ils en obligent d'autres à sortir de la sécurité que leur procure leur vérité, de ce qu'ils considèrent comme la réalité, c'est-à-dire leurs 7 % de croyances établies. Les miracles ne seraient-ils pas qu'un simple manque de connaissance ? Apprenez la vie, expérimentez-la, saturez-vous-en au besoin, et après, vous pourrez vous contenter d'être ce que vous aurez appris, pas avant.

Quand le maître est prêt... le maître apparaît !

Êtes-vous prêts à relever ce merveilleux défi qui s'offre à vous ? Si la réponse est oui, donnez la chance au coureur. Et laissez-nous vous indiquer une des routes de l'autonomie, celle que nous connaissons évidemment. Ce n'est pas nécessairement la seule, c'est une de celles qui s'offrent à vous. À cet effet, nous délaisserons peu à peu l'univers émotionnel dans lequel nous nous complaisons depuis tant d'années, cet univers qui a vu notre éveil mais qui demande maintenant à être dépassé. Faites-le sans crainte, sans nostalgie et sans culpabilité. Au-delà de la lumière se trouve toujours quelque chose d'encore plus lumineux. Le si désiré *nirvana* est toujours en avant de nous ; c'est pourquoi nous ne l'atteignons jamais. Il est donc temps d'aller plus loin, de nous éloigner, ne serait-ce que pour quelques instants, de cette époque révolue où l'émotion se retrouvait à la fois à la base et au centre de notre recherche intérieure. Venez explorer avec nous le monde fascinant de l'âme. Vous y serez guidés par votre Esprit, cet Esprit qui a soif de liberté et d'autonomie, qui a une envie folle de courir à perdre haleine vers un univers où TOUT est possible.

Cheminons donc ensemble, nous entraidant comme le ferait une joyeuse bande de gais lurons, une bande de maîtres qui ne cherchent qu'à être heureux, à s'amuser et à cesser de souffrir. Des maîtres qui se retrouvent parfois devant, parfois derrière, parfois au centre du peloton. Des maîtres qui ne se proclament jamais comme tels, qui ne s'en donneront jamais le titre non plus. Des maîtres qui se contenteront de mettre en pratique leur maîtrise. Voilà notre vœu le plus sincère...

Alors, suivez-nous !

A.H. et Y.M.

Qui est André Harvey?

... tel que vu par Yvon

Je vais essayer de vous décrire ce personnage, bien que je ne sache encore s'il s'agit d'une personne qui nage (personne nage) ou d'une personne qui vit ses âges (personne âge) d'évolution. Donc, si je me permets de décomposer les mots, je vais aussi le faire avec l'homme dont il est question ici.

J'ai rencontré André lors d'une soirée organisée par un groupe dont je faisais partie et qui organisait des conférences. Je n'y suis pas demeuré impliqué longtemps, je trouvais les membres trop monotones, pas intéressants. Cependant, André Harvey a su capter mon attention avec sa conférence sur le vieux sage intérieur. Il était drôle et simple, si simple en effet ! Nous avons discuté après, car André est friand de contacts humains. J'ai ainsi obtenu son adresse de courrier électronique.

À cette époque, j'étais subjugué par les vies antérieures des gens que je rencontrais et André n'a pas échappé à mon exploration. Il ne fallut guère de temps pour lui offrir, tout à fait gratuitement, une étude approfondie de sa dernière vie. Il était un moine tibétain qui ne connaissait que sublimation et dépassement. Sa réponse sur l'Internet commença d'un ton plutôt sec, du genre :

« Je n'ai pas demandé à connaître ces informations... » Puis apparurent soudainement plein de lettres MAJUSCULES. J'interprétai cette réaction comme ceci : « Fous-moi la paix avec tes visions ! Je ne t'ai rien demandé ! » Alors, nous avons cassé notre couple. Fini ! Je sais m'effacer rapidement quand il le faut.

Plusieurs années ont passé et voilà que le André en question est revenu dans ma vie. Mais, cette fois-ci, il a démontré une grande ouverture d'esprit face à ce que je faisais, à ce que je vivais et à ce que je devenais. Il s'en est fallu de peu pour que je lui saute au cou – voir le sens figuré – tellement j'étais heureux. La vie m'a même permis de passer une première semaine avec lui en République Dominicaine, où notre « célébrité » (André) donne deux ateliers annuels.

La première journée a été fantastique. Je n'ai presque pas vu André, qui travaillait avec son groupe. Il m'a rejoint seulement pour le repas du soir. Il m'a fait asseoir en face de lui, au bout de la longue table qu'il dominait de toute sa grandeur. À un certain moment, quelqu'un lui a demandé : « Mais qui est cet Yvon ? » Comme un bon père de famille, André m'a permis de répondre moi-même. Lorsque je me suis finalement tu, il était environ 23 h 30. Inutile de vous dire que notre cher André était parti depuis longtemps. Il était allé bouder seul dans notre condo. Je ne le revis que le lendemain matin.

J'avais fait un rêve durant la nuit et je voulais en parler avec André pour éclaircir certaines choses. Je me précipitai donc dans sa chambre.

« Écoute-moi bien, André Harvey, lui ai-je lancé. Ce n'est pas la peine de venir me retrouver dans mes rêves pour me dire que j'ai pris toute la place hier soir et que tu étais déçu. C'est ton problème à toi si tu ne prends pas ta place. Moi, je vis ma vie et je n'essaie pas de vivre celle des autres. Alors, si tu veux que nous soyons amis, de vrais amis, laisse-moi vivre les choses que j'ai à vivre, et surtout ne permets plus jamais à la jalousie de s'installer entre nous, mon grand. De toute façon, si je ne t'aimais pas, je ne serais pas venu passer une semaine avec toi. Et puis hier, c'est toi qui m'as invité à prendre la parole. Tu sais bien que je n'arrête pas de parler quand j'ai l'occasion de communiquer avec des personnes intéressantes comme celles de ton groupe. Surtout que je venais de méditer pendant une journée entière… »

André se mit alors à rire comme il sait si bien le faire, vous savez, avec ses yeux. On dirait que ses yeux rient. Il devient « à croquer » comme un enfant en bas âge dans ces moments-là. Comment ne pas l'aimer quand il a ce regard ?

J'ai craqué et je le côtoie depuis ce temps. Quelques mois plus tard, toujours en République Dominicaine, nous avons remis ça et passé une deuxième semaine ensemble. Mais cette fois, pas de cours. Juste le cours… de notre vie d'amis.

Bref, chers lecteurs, André est un monstre, un monstre d'Amour avec un grand A, un ange. Je remercie souvent la vie de l'avoir mis sur mon chemin. Et je souhaite seulement une chose : qu'il arrête de travailler et de vouloir à tout prix enseigner aux gens pour se laisser plutôt regarder et écouter par des gens qui prendraient plaisir à découvrir cet ange que la vie leur offre !

D'une façon plus terre à terre, je dirais qu'après avoir vécu diverses expériences avec lui durant quelques mois, j'ai enfin trouvé un complice qui me permet de n'être plus seul sur mon île. La vie m'a fait ce cadeau divin et je pense savoir l'apprécier. Mon « Tidré », comme je l'appelle, est d'ailleurs de plus en plus petit. Il a en effet perdu plus de dix kilos depuis notre rencontre. Il fond littéralement, il s'éthérise ; il devient léger et fou, dans sa tête et dans son corps. Nous faisons des folies ensemble, comme des enfants qui jouent au lieu de vivre.

Et le temps passe, et sa famille devient ma famille. Même sa conjointe et ses filles me sont devenues familières. Et je puis vous affirmer qu'il est bien entouré. Des gens un peu compliqués mais pas trop, juste assez.

Voilà qui est André Harvey, selon moi. Voilà qui est cet ange qui essaie parfois d'être un homme.

* * *

P.- S. Maintenant qu'il ne me lit plus, je peux vous dire... que lorsqu'il était un moine bouddhiste, dans une autre vie, il passait son temps à prier et à essayer de sublimer ses désirs et ses pensées. C'est pour terminer ce processus qu'il s'est réincarné ici, en Amérique. Il doit arriver à accepter son corps (et tout ce qui vient avec, si vous voyez ce que je veux dire) comme faisant partie d'un tout qui se nomme André Harvey.

Durant une autre de ses vies, il a aussi été moine, un moine italien ou espagnol qui était atteint d'une maladie incurable. Il vivait cloîtré parmi les siens, ne sortant que pour guérir les gens. Sa vie s'est déroulée sous le signe de la prière et des guérisons qu'il effectuait comme des offrandes à Dieu, en gage de sa dévotion. Curieusement, il avait le même corps physique. Sa taille, son poids et même les principaux traits de son visage lui viennent de cet homme, Samuel le guérisseur.

Je pense que c'est là que nous nous sommes connus. À cette époque, j'étais moi-même un moine italien qui parcourait l'Europe, me dirigeant toujours plus vers le sud. Cette année, nous nous sommes retrouvés, ce qui explique notre complicité actuelle. Comme j'aime à le dire : « Par-delà le temps et l'espace, nous sommes *ré-unis*. »

Voilà ! Maintenant vous savez aussi bien que moi qui est André Harvey.

Y.M.

Qui est Yvon Mercier?

... tel que vu par André

Je vous le dis sans hésitation et avec une pointe d'humour : Yvon Mercier est un être qui dérange. Il allume une flamme dans les cœurs et les esprits qu'il croise. C'est un être qu'on ne peut s'empêcher d'aimer, *si on a le courage de s'en donner la peine*. Oui, ces derniers mots en italique sont la clef pour découvrir les trésors qui se cachent derrière ses yeux parfois angéliques, parfois de foudre.

Eh oui ! Yvon est un véritable coup de vent, quelqu'un qui ne passe jamais inaperçu dans une vie. C'est un excessif : il peut être aussi chaud que froid, rarement tiède ; aussi loquace que silencieux, rarement modéré ; aussi proche qu'éloigné, rarement au centre. J'aime ce personnage, car il me fait voir mes propres côtés extravagants, ceux que je n'ose pas montrer très souvent, de peur qu'on me juge ou qu'on ne m'aime pas.

La première fois que j'ai vu Yvon, c'est à l'occasion d'une de mes conférences à laquelle il assistait. Au terme de celle-ci, il avait voulu me parler à tout prix, et de long en large, de mes vies antérieures – il vous l'a raconté, je crois. Je pensais avoir affaire à un de ces faux illuminés en pleine crise d'égocentrisme que l'on rencontre parfois dans le milieu de la croissance personnelle.

Percevant ma réticence ou plutôt le malaise que je ressentais devant sa transparence, il a eu la sagesse de filer en douce et de disparaître de ma vie. À ce moment-là, je le sais maintenant, je n'étais pas prêt à entendre ce qu'il avait à me dire. Car, je vous le jure, croix de fer, croix de bois, main sur le cœur, Yvon n'est pas un hurluberlu ; quoique, à première vue, il puisse en donner l'impression... (vengeance personnelle ah ! ah ! ah !)

Yvon a des choses importantes à dire. Mais comme il semble être plusieurs années – pour ne pas dire plusieurs décennies – en avant de son temps, la vision qu'il a de l'existence nous donne beaucoup à réfléchir. Elle n'est en effet pas toujours conforme aux normes qui prévalent dans notre société et qui découlent de notre éducation. Yvon a cassé le moule du *ce-que-la-normalité-doit-être*, pour nous présenter une autre réalité. Celle-ci est tellement différente de l'ancienne qu'elle peut nous faire peur – nous avons toujours peur de ce que nous ne connaissons pas.

La façon qu'il a de parler de la vie, de la mort et de tout ce qu'il y a entre les deux, sans pudeur et sans préjugés, nous donne parfois la chair de poule. Cela provoque souvent un réflexe bien connu de défense de la part de notre mental : celui-ci nous incite alors à fermer la porte avant même que le visiteur soit entré et qu'on ait saisi son message. Comme la sécurité que nous apportent nos vieilles croyances est confortable et douce ! J'en sais quelque chose.

Un peu plus tard, je suis allé à mon tour entendre Yvon en conférence. Il a parlé, entre autres, de sa vision du futur, des relations de couple, de la sexualité, de la spiritualité, de l'éveil du dormeur, etc. J'avoue avoir eu moi aussi le réflexe de lui fermer mon esprit à ce moment-là. Ce qu'il m'énervait avec ses théories hors du commun. Mais, en même temps qu'elles me faisaient froncer les sourcils, elles m'attiraient, parce qu'elles étaient pleines de bon sens. La puissance de l'énergie divine véhiculée par mon âme vers mon Esprit durant ces instants cruciaux de mon cheminement m'a poussé à persévérer dans ma démarche. Je devais enlever mes œillères et aller voir au-delà du masque (j'allais faire un drôle de lapsus et écrire « monstre », mais je me suis retenu...) afin de connaître ce merveilleux personnage qu'est Yvon.

Ce que j'ai découvert est un être aussi vulnérable qu'imperturbable, aussi humain que divin. Il éprouve des joies et des peines tout comme moi, quoique moins excessives ; il a une compagne de vie et une fille qu'il m'a permis de découvrir, privilège que peu de gens ont eu la chance de connaître.

La relation qui s'est tissée entre nous en fut forcément une de respect et d'admiration mutuels, une relation de maître à maître pourrait-on dire. Pas des maîtres qui se proclament comme tels, mais des êtres qui se contentent de vivre leur cheminement du mieux qu'ils peuvent, un point c'est tout. Ses forces nourrissaient mes faiblesses, et vice versa. Yvon est ainsi devenu un ami, peut-être le seul que j'aie jamais eu, du moins le seul qui puisse porter ce titre avec un grand A.

* * *

Plusieurs mois plus tard...

Beaucoup d'eau a coulé sous les ponts depuis le début de l'écriture de ce livre. Yvon et moi venons tout juste de terminer une tournée de conférences dans le nord du Québec. Cette tournée s'est soldée par un atelier que nous avons donné à un groupe de vingt-six personnes ayant tous en commun un désir extraordinaire d'élévation de conscience. La première journée s'est déroulée dans le calme mais, au cours de la deuxième, un des participants, jusque-là silencieux et refermé sur lui-même, sortit de son mutisme et s'adressa à Yvon à peu près en ces termes :

« Yvon, il y a bien des choses que je te reproche et je tiens maintenant à te les dire. Tout d'abord, tu me déranges quand tu dis être un ange incarné sur Terre. Pour qui te prends-tu pour affirmer de telles choses ? Est-ce ton ego qui a besoin de s'affirmer ainsi ? Je ne sais pas si tu en as conscience, mais tu pourrais facilement tomber dans le piège de devenir un grand guru car ton charisme est puissant et les gens sous ton joug t'obéiraient sûrement au doigt et à l'œil. Ta force est telle que, d'un seul doigt, tu peux libérer une émotion et faire pleurer les gens. Je l'ai vu, Yvon, et cela me fait peur.

« Et que dire de tes prédictions ? Faudrait peut-être faire attention ! Je t'ai même entendu dire à des couples qu'ils allaient se séparer. Moi, j'appelle ça de la violence de ta part, et j'ai bien de la difficulté à l'accepter. Je te le dis, ta force de persuasion est telle que je parie que tu pourrais facilement vendre un réfrigérateur à un esquimau. C'est dangereux tout ça ! »

Le jeune homme continua durant quelques instants à lancer ses flèches dans la direction d'Yvon qui, calmement, le regardait exprimer son rejet de lui-même et dénoncer ses propres peurs. Yvon n'essaya pas de se défendre, se contentant à peine de séparer le bon grain de l'ivraie et de remettre les pendules à l'heure concernant certains faits non justifiés.

À ma grande surprise, c'est moi qui intervins. J'ai regardé l'homme avec tout l'amour que je pouvais faire circuler de mes yeux aux siens. Sans hésitation, je lui ai répondu qu'il y a de cela très peu de temps, j'aurais tenu pratiquement le même langage et entretenu les mêmes pensées que lui face à Yvon. En effet, dès notre première rencontre, cet être avait déjà commencé à me bouleverser... Si, par la suite, je n'avais persévéré et traversé le mur que mon mental tentait d'ériger entre nous, je n'aurais jamais pu découvrir le merveilleux sage qui se cachait derrière l'être humain.

Je crois sincèrement que nous sommes tous des anges les uns pour les autres, mais il faut du courage pour l'exprimer en public. Yvon est convaincu de sa mission. Il ne se gène d'ailleurs pas pour le dire. Cela en dérange certains, j'en conviens, mais d'autres ont besoin de savoir qu'il est un ange pour mettre leur confiance en lui.

« Vonvon » possède un charisme extraordinaire, c'est indéniable. Il sait parler aux gens et manie l'humour avec grande dextérité. Il est vrai qu'il pourrait aisément s'amuser à manipuler les foules et, croyez-moi, il en est plus que conscient. Mais sachez que si je chemine à ses côtés aujourd'hui, c'est que je sais pertinemment qu'il ne tombera pas dans ce piège. De toute façon, Shannaton, son bel Esprit, ne le permettrait jamais, et moi non plus. Je n'aurais pas mis ma confiance en un tel être si je n'avais pas été assuré de son authenticité et de sa foi en ce qui est beau, ce qui est grand.

Yvon est un être plein d'amour véritable et sa conscience est élevée. Voilà toute la différence, une différence qui ne se dit pas mais qui se sent. Il n'a qu'à prendre une personne dans ses bras pour qu'elle se libère de ses émotions. Cela provoque souvent des réactions inhabituelles : pleurs, rires, expressions soudaines de rage ou d'amour, etc. C'est un fait, et mon ami ne peut rien y faire. Comme il se plaît à le dire : « Je suis fait comme ça, je n'ai aucun mérite et, de toute façon, je n'y peux rien. »

Quant à ses prédictions, oui ! elles dérangent. Par contre, elles ne sont pas là pour faire peur, mais pour éveiller les dormeurs... Si, par exemple, un couple s'en va à la dérive, il peut arriver qu'Yvon lui présente un portrait sombre de ce qui se prépare pour eux si rien n'est fait pour rétablir l'harmonie. Ces prédictions sont comparables à des bouées annonçant l'émergence d'une vie nouvelle ou d'un virage obligatoire à la poursuite du voyage. Si le couple se sépare, il aura été prévenu, mais s'il réagit positivement et se prend en main, tout l'avenir pourra dès lors être changé. Je crois fermement que l'avenir se bâtit au fil des jours et des décisions que nous prenons à chaque moment de notre existence. Je ne peux pas croire que le destin soit une chose immuable, comme le disent certains. Si cela était le cas, la vie ne vaudrait pas la peine d'être vécue.

* * *

Voici donc un portrait de ce curieux personnage qui m'accompagnera tout au long de ces pages. Si vous avez le courage, et surtout, si vous prenez le temps de le connaître, si vous donnez une chance à sa désarmante transparence de se frayer un chemin jusqu'à votre cœur, vous découvrirez un homme qui sait qui il est. Et il n'hésite pas à le dire, pas avec l'ego, mais avec un amour sans équivoque. La première fois que je l'ai vu, il m'a dit qu'il allait changer ma vie. Je ne l'ai pas cru, mais j'aurais dû car... c'est ce qui s'est effectivement passé. Méfiez-vous s'il vous tient ce genre de propos, car il a tendance à tenir ses promesses. Soyez cependant assurés que les changements qu'il provoquera se manifesteront toujours à la demande expresse de votre Esprit qui sait qu'il est peut-être temps pour vous de bouger après un trop long sommeil, car il est en contact direct avec ce dernier et il lui parle aussi aisément qu'il vous parle. Combien de fois la Vie vous a-t-elle joué un mauvais tour qui s'est terminé par l'émergence d'un grand bonheur ? N'était-ce pas là la manifestation de votre propre Esprit ?

A.H.

Première partie

Le voyage initiatique

L'avion décolle... Nous aussi !

C'est à plus de dix mille mètres d'altitude que ce livre prend son envol. Je suis un peu à l'étroit dans l'avion où je suis assis à côté de mon grand ami Yvon. Vous savez, ce genre d'ami, cette denrée rare qui ne court pas les rues. Quoique nous ne nous connaissions que depuis peu, les liens qui nous unissent sont très puissants. À nous voir ensemble, on dirait deux anges en liberté. Deux anges qui auraient en commun une intarissable joie de vivre assortie d'un désir irrépressible de partager cette joie et de la semer pour qu'elle germe dans tous les cœurs.

Yvon est un être qui ne laisse personne indifférent. Il a un don, celui de déranger, un exercice qu'il pratique d'ailleurs à grande échelle. J'ai été moi-même dérouté à plusieurs reprises par cet homme-enfant au cœur d'or, qui utilise un langage des plus directs – avec lui on sait à quoi s'en tenir. Mais j'en ai toujours retiré un bien énorme. Que nous réserve donc ce voyage dans cette île paradisiaque de la République Dominicaine ? Nul ne le sait, sauf nos Esprits qui doivent se bidonner en cet instant même et se taper sur les cuisses (en supposant qu'ils en aient évidemment...) en voyant le cheminement accéléré qui nous y attend.

Depuis quelques mois, je suis en plein processus d'expérimentation. J'essaie de m'abandonner à la vie et de vivre vraiment ce que j'enseigne depuis longtemps. Il y a une différence marquée entre apprendre et comprendre, la première démarche se faisant dans le confort et l'illusion, l'autre dans la réalité du moment présent. Nous partons, Yvon et moi, avec l'intention d'amorcer l'écriture d'un livre, en conciliant nos façons de voir les choses et en partageant nos connaissances avec nos lecteurs en plein éveil de conscience – ce que vous êtes sûrement, puisque vous lisez actuellement ces lignes. Je vous souhaite donc de tout cœur de capter dans cet ouvrage toutes les parcelles de sagesse que votre Esprit saura détecter afin que vous puissiez les expérimenter et les partager à votre tour.

A.H.

* * *

Au même moment...

Pour la seconde fois cette année, nous sommes assis dans un avion qui nous emmène en République Dominicaine. Curieux, depuis que je connais André, je voyage. Moi qui n'ai quitté ma terre natale qu'une seule fois dans toute ma vie, me voilà encore en train de voler vers le soleil. Et qui plus est, en compagnie de cet homme que je ne connaissais pas il y a quelques mois. La vie est étrange. Quarante-trois années de routine, puis soudain, je pars avec une personne quasiment inconnue mais en même temps familière, tellement familière que je n'ai pu m'empêcher d'organiser ce voyage moi-même. J'en suis assez fier d'ailleurs. J'ai tout fait, tout arrangé. J'ai choisi l'endroit, l'hôtel, le forfait, et

André n'a eu qu'à me suivre. Dans un sens, c'est mon premier voyage, puisque je me suis toujours contenté de suivre quelqu'un auparavant. Mais cette fois-ci, c'est différent. J'ai pris l'initiative, même si je me demande encore si c'était une bonne idée.

André est drôle. Il est comme un enfant toujours prêt à jouer. En fait, nous sommes vraiment en train de jouer. Nous jouons le rôle de deux anges qui s'en vont au soleil pour écrire un livre ensemble. Entre nous, l'esprit de compétition a été remplacé par la complicité. Comme si nous venions de nous retrouver par-delà la vie, par-delà la mort. Comme si nous nous étions rejoints pour former un couple d'amis quasiment inséparables ! Si bien qu'il arrive à ma compagne de me poser d'étranges questions concernant cette relation si forte et si soudaine qui me lie à André depuis quelques mois. Au fil de ces pensées, je le regarde. Il sourit. Quel ange ! Sûrement que si on fouillait dans les annales de l'hôpital où il est né, on trouverait une note disant que cet enfant a oublié de pleurer à sa naissance, contrairement à ce que font les autres bébés. Lui, il devait sûrement rire.

Enfin ! L'avion est en vol. Le temps passe. Je me sens bien. J'ai cependant ressenti un peu de claustrophobie en embarquant dans ce long tube étroit que constitue ce type d'appareil. Les sièges sont trop petits et trop rapprochés les uns des autres. J'ai dû me pencher pour éviter que ma tête ne frappe le hublot. Et pourtant, je fais à peine soixante kilos. C'est tout dire.

André, lui, a l'habitude de ces vols. Au moins deux fois par année, il va donner des ateliers d'une semaine dans le Sud. Puis il remet ça avec ses tournées européennes. Cet homme est un artiste, un vrai. Durant les longues tournées de conférences qu'il mène de par le monde, il vit de valise en valise et d'hôtel en hôtel sans jamais se lasser. Il n'est pas comme moi, l'homme d'affaires toujours près du téléphone, même dans la baignoire. Bien des gens sont d'ailleurs surpris de négocier avec le bruit de l'eau en toile de fond. En tant qu'employeur, je dois être disponible pour les gens avec qui je travaille. Je travaille peu, cependant, comparé aux autres. Mais je me demande si leur situation n'est pas préférable à la mienne finalement, puisque cela m'occupe sept jours sur sept.

En définitive, j'ai eu raison de fuir le monde où je m'ennuie et de le faire avec cet homme qui me sert d'ami et qui semble bien aimer ce rôle. Je suis heureux de la décision que nous avons prise de venir au soleil pour partager nos talents d'écrivain et pour pouvoir vous remettre ce livre que je m'engage à terminer pendant les semaines où André sera en tournée. Il faut dire que pendant que je transcris ces textes sur mon ordinateur, notre artiste est parti en France pour quatre semaines. J'ai l'intention de lui remettre mes textes à son retour afin qu'il y insère les siens. Il maniera le tout à sa façon, puisqu'il a été décidé que ce serait lui qui serait le maître d'œuvre et pas moi.

Y.M.

* * *

Le lendemain en après-midi...

Quel bonheur de nous retrouver en plein cœur de l'hiver sous le merveilleux soleil de Bayahibe, dans un club de vacances style « tout compris » ! Je suis aux commandes de mon ordinateur portatif, sur le balcon de mon hôtel. Et c'est au son de la musique disco, qui fait danser les touristes surexcités autour de la piscine, que j'écris ces lignes. À quelques mètres de notre chambre se trouvent d'énormes caisses de son qui crachent leur rythme endiablé. Boom, boom, boom ! Et moi qui suis habitué à écrire dans le silence le plus complet ou au son de la harpe, ça me change, croyez-moi. Le dépassement total, quoi ! Mais comme je proclame souvent que l'une des plus belles qualités du sage est sa capacité d'adaptation et comme c'est Yvon qui a choisi cet hôtel avec ma bénédiction, je dois faire contre mauvaise fortune bon cœur. Alors, trêve de plaisanteries, voyons ce que nos Esprits ont envie de nous partager...

A.H

Le véritable maître ne crie
jamais sa vérité.

Il lui arrive parfois de
la chuchoter mais,
la plupart du temps,
il se contente de l'émaner.

Chapitre 1
LA GUÉRISON SIMPLIFIÉE

Chaque humain est un guérisseur en puissance, autant pour lui que pour les autres. Qu'est-ce donc qui empêche ce don de se manifester ? C'est qu'on en a oublié la présence en soi. L'enfant est habitué très tôt à remettre sa santé physique et mentale, en fait son sort en général, entre les mains des autres : ses parents, les médecins, les pharmaciens, les psychologues, les thérapeutes, les prêtres, les représentants de divers cultes, etc. Dès son plus jeune âge, l'enfant est soumis à diverses vaccinations, soi-disant pour l'empêcher d'attraper des maladies que son corps aurait peut-être besoin de « connaître » pour développer un système immunitaire fort, capable d'affronter les aléas de sa future vie d'adulte.

Donc, en se voyant progressivement confié à des spécialistes, l'enfant perd peu à peu confiance en la perfection de son corps et de son Esprit et, par le fait même, en sa capacité de s'autoguérir. Il s'enlise dans la soumission et se perçoit petit à petit comme un pauvre pécheur, un petit animal vulnérable à la merci de tout microbe qui pourrait passer par là… Cet endoctrinement est le fait de gens qui, il faut bien le dire, sont, pour la plupart, de bonne volonté, mais endoctrinés eux aussi. De sorte qu'avec les années, l'enfant a laissé aux oubliettes les merveilleux dons naturels de guérison dont il avait pourtant été doté à sa naissance par son Esprit divin.

Ainsi va la vie : l'enfant deviendra peu à peu un adulte tout aussi impuissant devant son triste sort, puis un vieillard endormi, se trouvant souvent dans un état second ; cela à cause d'une surdose de médicaments qui ont anéanti ses défenses naturelles. Celles-ci n'existent pratiquement plus, car elles sont endormies tout comme lui. Tel est le portrait de notre société moderne, un portrait peu reluisant, j'en conviens, et un portrait qui dérange probablement certains d'entre vous. Mais en même temps, il éclaire l'esprit de ceux qui cherchent à devenir maîtres de leur vie.

Heureusement, ce don de guérison resurgit à certaines périodes cruciales de notre vie, surtout durant l'enfance ou juste avant d'atteindre l'âge adulte. Et s'il n'est pas ridiculisé ou étouffé par les commentaires réprobateurs des parents ou des éducateurs, il se fraiera un chemin vers la conscience de l'être en plein éveil. L'Esprit de cet être attirera alors vers lui la personne, le maître qui lui montrera les multiples routes disponibles pour la prise en charge de sa santé.

J'ai rencontré ce maître durant l'une de mes périodes d'éveil, il y a de cela une bonne vingtaine d'années. Je lui ai ouvert toutes grandes les portes de mon cœur. À la demande urgente de mon intellect, qui avait soif d'apprendre, et de mon Esprit en quête d'expérimentation, cet enseignant m'a montré les techniques de guérison par l'énergie. Je me suis mis à les appliquer scrupuleusement dans ma vie, presque vingt-quatre heures par jour. Les résultats se sont fait sentir instantanément. Tant et si bien qu'après seulement quelques années de mise en application, je les ai enseignées à mon tour.

Mais, au lieu de m'attacher aux *bonnes-et-seules-façons-de-faire,* je me suis employé à simplifier toujours un peu plus le processus dont j'enseignais les rudiments. Je me suis ainsi détaché lentement des techniques apprises. Celles-ci ne servaient, en réalité, qu'à faire accepter par mon intellect le fait que je puisse guérir. C'est-à-dire que je puisse faire circuler en moi puis diriger vers les autres une énergie divine créatrice aux pouvoirs infinis. Il m'a fallu beaucoup de temps pour me déprogrammer de ma pseudo-impuissance à ce sujet, mais ma persévérance a eu finalement gain de cause. Cependant, au fil des ans, mon Esprit me poussait constamment au-delà des frontières, me disant qu'il y avait encore plus grand et plus simple que ce que j'avais appris jusque-là...

Comme j'étais prêt, devinez quoi, eh oui ! le maître est apparu. Encore une fois au bon endroit et au bon moment. Un maître qui, contrairement à la fois précédente, disait avoir autant besoin de moi que moi de lui. Je vous avoue que la dynamique était très différente de celle relative aux relations maître-disciple que j'avais eues jusque-là avec mes enseignants. Eux devant, moi derrière. Bêêêêê... Mais maintenant, ce n'était plus le cas.

À partir de ce moment, nous nous sommes mis, Yvon et moi, à intervenir mutuellement dans nos vies. Parfois dans le rôle de l'aidant, parfois dans celui de l'aidé. Tout cela inconsciemment la plupart du temps – du moins pour moi. C'est aussi durant cette période que j'ai trouvé le titre du livre que nous sommes en train d'écrire : *Quand le maître est prêt... le maître apparaît !* À peine quelques semaines après notre rencontre, la Vie a décidé de nous tester, pour voir d'abord si nous pouvions passer par-dessus nos ego et nous supporter l'un l'autre.

Un beau soir, je propose tout bonnement à Yvon de m'accompagner lors de mon prochain voyage-atelier qui devait se tenir à La Catalina, toujours en République Dominicaine, mais du côté nord de l'île. Yvon accepta. Le voyage n'allait pas être une sinécure, croyez-moi, car nous allions devoir nous côtoyer durant sept jours consécutifs, en partageant par surcroît le même appartement. Les paris devaient sûrement être pris là-haut quant au nombre d'heures que nous allions pouvoir tenir sans nous arracher les cheveux. Moi qui avais l'habitude de prendre toute la place dans ce genre d'atelier, je devrais maintenant accepter qu'un deuxième « coq » vienne s'immiscer dans mes affaires. À notre grande surprise, tout s'est bien passé, à part quelques engueulades directes mais amicales. Nous avons donc passé le test et nous sommes revenus avec tous nos morceaux.

Un mois plus tard, la Vie a récidivé et nous a envoyés de nouveau en voyage ensemble. Un voyage « initiatique » – ça paraît bien dit comme ça – à Bayahibe, encore en République Dominicaine. Le prétexte – fort louable – était tout trouvé : l'écriture de ce livre qui allait porter nos deux signatures. J'avais, quant à moi, de grandes réserves là-dessus, car j'ai toujours travaillé seul dans ce genre d'ouvrage...

Un vol de nuit nous a amenés à destination, dans un petit village touristique situé dans le sud de cette île de rêve. Nous nous installâmes rapidement dans notre chambre pour le reste de la nuit. À peine couché, Yvon fut pris de divers malaises, dont un mal de gorge carabiné. À 4 h 45 du matin exactement, je me suis réveillé en sursaut, sentant que mon compagnon d'aventure souffrait. La Vie semble ne pas vouloir nous laisser chômer trop longtemps. « Allez hop ! Mon vieil André, il est déjà temps de passer à ta première leçon de la semaine. »

Aussitôt que j'ouvre un œil, Yvon me demande de l'aide. Il insiste pour que je lui fasse un traitement en réflexologie qui, selon ses dires, atténuera assez rapidement ce genre de douleur. Je suis quelque peu surpris par cette demande inhabituelle. Mon mental à peine éveillé mais combien sagace me lance alors avec force : « Eh ! Oh ! André. Tu n'es pas réflexologue. Tu ne sauras jamais quoi faire. » Ce à quoi mon vieux sage intérieur rétorque avec désinvolture : « Et puis après ? »

Il n'en fallait pas plus pour que je veuille relever le défi – les défis de ce genre m'attirent beaucoup, car ils m'obligent à me surpasser. Tant et si bien que l'Amour que je ressentais pour cet être souffrant me fit bondir hors du lit. Je me suis ainsi retrouvé avec son pied droit dans les mains, l'air un peu décontenancé mais confiant que je saurais quoi faire avec... Tout en laissant mon mental déblatérer sur ma probable incompétence en la matière, je réussis à me concentrer sur le travail à faire. Je laissai instinctivement mes pouces se placer sur différents points de la plante de ses pieds et j'appliquai de fortes pressions tout en observant les réactions de son corps.

À un certain moment, j'ai vu Yvon grimacer de douleur. Mais je me rassurai aussitôt en l'entendant me dire – je dirais plutôt crier – que c'était bon – il faut être vraiment masochiste pour dire de telles choses. D'autant plus qu'Yvon m'a révélé qu'une partie de son enfance était en train de défiler devant ses yeux. Agréablement surpris par ces résultats, je me laissai noyer dans l'énergie qui nous enveloppait. Je devins le simple témoin de mes pouces qui se sont mis à se déplacer tout seuls, appuyant là où il fallait, et mettant la pression nécessaire. Puis, à mon grand étonnement, ma bouche s'est approchée du pied traité, et c'est le souffle qui est alors entré en scène. Accompagnant d'instinct chaque pression des pouces comme pour chasser le mal, ce souffle venu de très loin poussait l'énergie ainsi libérée du pied vers le haut du corps, pour se transformer en lumière au moment où il passait au niveau de la gorge endolorie. Je pouvais enfin me laisser aller, déconnecté de ma tête, affranchi des techniques prescrites, libéré de mes doutes. Ah ! ces doutes ! Ils ont refait surface avec véhémence au cours des dernières semaines. Heureusement que j'ai appris à les accueillir au lieu de me battre contre eux.

Comme le traitement est fait par mon Esprit et non par mon ego, il est simple et ne dure que quelques minutes pour chaque pied. Je suis ensuite retourné me coucher, satisfait de m'être surpassé. À peine blotti sous les couvertures, j'entends mon patient ronfler comme un tracteur qu'on essaierait en vain de faire démarrer. Je suis heureux ! Je constate, non sans une certaine ironie, que ces ronflements qui, en d'autres temps, m'auraient énervé au plus haut point, sont remplis de cette lumière que mon abandon de tout à l'heure m'a permis de transmettre. Je me rends compte de tout ce qu'on peut recevoir quand on OSE donner avec son cœur.

J'ai gardé les yeux grands ouverts jusqu'au petit matin, méditant et remerciant cette partie divine en moi qui m'avait permis de vivre cette expérience. J'étais rempli d'une joie extatique, non émotive, mais purement spirituelle. Une joie qui ne venait pas de l'extérieur mais de mon bel Esprit, qui provenait bel et bien de moi et se transmettait comme par magie à chacune de mes cellules.

Cette nuit-là, je me suis laissé bercer par les sons étouffés des vagues lointaines et par les ronflements d'Yvon. Grâce, je dois bien le dire, à ses maux de gorge, j'ai compris que tout être peut, comme je l'ai fait, générer assez de lumière pour aider les autres à s'autoguérir.

Pas besoin de savoir comment faire – c' était d'ailleurs ce que mon Esprit voulait justement que j'expérimente. Il ne s'agit que de « faire », sans tenir compte de son mental-menteur qui veut à tout prix brouiller les cartes. Il veut nous faire croire à notre totale incompétence en la matière de santé, et ce, juste pour ne pas perdre la face.

Je vais certes continuer à enseigner un certain temps mes techniques de guérison, même si elles peuvent paraître limitatives. Mais je vais spécifier aux gens qu'ils doivent s'attendre à délaisser ces techniques, et même, s'efforcer de le faire le plus tôt possible. Aussitôt qu'ils auront assez confiance en leurs possibilités, ils pourront passer à l'étape suivante, celle de ne rien faire. Le corps est intelligent et sait se guérir lui-même.

Un de mes amis médecin qui œuvre dans le nord du Québec, m'a un jour raconté qu'il lui arrivait de conseiller à ses patients de faire comme les Amérindiens qu'il côtoyait dans cette région perdue du Canada. Soit de s'éloigner dans la forêt, de jeûner pendant quelque temps et de laisser la maladie opérer sa purification. Quelle sagesse !

Notre corps est intelligent. C'est Dieu qui a voulu qu'il naisse, ne l'oublions pas. Pourquoi le rendrait-il incapable de se soigner ? Notre ignorance à ce sujet et la crainte de la maladie nous font tellement peur que nous devenons impatients lorsque nous tombons malade. Nous obligeons alors notre corps à opérer une guérison hâtive, souvent temporaire, à l'aide de médicaments chimiques qui ne font qu'endormir le mal. *Quand le maître est prêt... le maître apparaît,* souvenez-vous-en. Je vous souhaite donc de reconnaître vous aussi votre maître, pas celui qui dit tout savoir, mais celui qui « est » ce « tout ». La prochaine étape que vous aurez à franchir consistera à devenir un maître, vous aussi.

A.H.

Un des grands pièges du
clairvoyant se dresse
lorsque son mental
l'empêche de voir clair . . .

Si tout le monde persait avec
Amour nous vivrions sur la
Terre comme au Ciel.

Chapitre 2
REGARDER PASSER L'ÉMOTION

Ce matin, après à peine deux heures de sommeil, j'ai subi mon *down* habituel qui survient, la plupart du temps, au début de mes séjours à l'étranger. Ah ! Ce que j'ai hâte de transcender cet état des plus désagréables. Il m'envahit chaque fois que je me retrouve seul avec moi-même en terre étrangère. Que ce soit pour les vacances ou le travail, peu importe. Cet état se manifeste toujours après de longues et pénibles heures d'avion et, en plus, cette fois-ci, d'autobus. La tête bien enfouie dans l'oreiller, je regarde mes peurs défiler les unes après les autres sur l'écran de ma conscience : peur de m'ennuyer de ceux que je laisse derrière, peur de ne pas avoir d'inspiration, peur… d'avoir peur finalement. Heureusement, un léger ronflement en provenance du lit voisin me rappelle que je ne suis pas seul, et cette pensée me sort de ma torpeur déconcertante. Yvon revient lui aussi à la vie. La nuit a été courte, mais il a dormi comme un bébé, le chanceux.

D'habitude, je me sens tellement seul durant mes moments de découragements matinaux. Mais cette fois, j'ai au moins le bonheur d'avoir quelqu'un à qui confier ma détresse. Je surveille mon congénère du coin de l'œil et, dès qu'il remue une paupière, je lui lance : « Si tu savais comme je me sens mal ce matin... » Et me voilà parti à l'entretenir de mes appréhensions, de ma peur de ne pas être à la hauteur de la tâche qui m'attend, etc.

Même s'il a les yeux à demi clos, Yvon réussit quand même à me jeter un regard de feu. Il me lance d'un trait : « Ah ! ce que j'ai de la misère à te comprendre, André. Pourquoi trouves-tu un tel plaisir à te faire du mal ? » Et vlan ! En plein dans la gueule ! Moi qui avais seulement besoin d'une oreille attentive pour pouvoir jouer un tout petit peu à la victime...

« Sniff ! Sniff ! renifla le petit bébé en moi, je ne suis sûrement pas tombé sur la bonne personne pour me consoler. » Voyant ma mine déconfite, Yvon jugea qu'il valait mieux ne pas me laisser dans cet état. Il se mit à m'expliquer l'importance de regarder passer l'émotion en soi, comme un spectateur qui serait rivé à son écran de télévision, un écran qui serait, en l'occurrence, son propre corps. Voici à peu près ce qu'il m'a dit :

Tu sais, André, le plus gros problème des gens, c'est qu'ils entrent dans l'émotion et qu'ils en deviennent prisonniers au lieu de la regarder pour ce qu'elle est : une émotion, un mouvement énergétique qui fait bouger quelque chose dans notre corps. Et ce quelque chose est souvent un blocage dans notre être. Ce qu'on appelle émotion, c'est ce déblocage de l'énergie en nous. Et si cette énergie monte en nous, c'est pour que notre tête la laisse finalement passer pour se fondre dans l'Univers. Pour ma part, j'ai appris à reconnaître ce processus : c'est celui qui nous mène à l'éveil de la conscience. Et c'est en dénouant ces nœuds que l'on peut libérer notre corps des énergies qui y dorment et qui nous rendent plus lourds, plus gros, plus gras. Car, n'en doute pas mon ami, une personne qui n'a pas de blocages n'a pas non plus de graisses en trop.

Au lieu de t'apitoyer sur ton malheur, applique-toi à le regarder passer en te disant : « Tiens, encore toi ? Je croyais que tu étais parti ! Content de te revoir ! Que puis-je faire pour toi cette fois-ci ? » Si tu agis ainsi, ta peine s'évanouira d'elle-même, et sans trop d'efforts. Si tu peux parler à ton émotion de cette manière, tu resteras en dehors d'elle plutôt qu'en dedans. C'est la meilleure façon de t'en libérer. Tu as déjà passé ta vie à tenter de combattre tes émotions, n'est-ce pas suffisant ?

Je suis demeuré bouche bée. Mon ami Yvon avait visé juste, la cible était atteinte. Je cessai aussitôt de m'apitoyer sur moi-même et permis simplement à l'ennui et à la peur d'exister dans l'instant présent. Puis, je m'amusai à regarder passer l'émotion, en m'efforçant de ne pas la nourrir avec mon mental – une de mes spécialités. Par la porte grande ouverte de mon chakra coronal, je la regardai s'envoler d'elle-même vers les cieux, pour aller s'y dissoudre.

Le matin suivant, je me suis encore réveillé aux aurores, et le scénario de mes peurs a profité de ma somnolence matinale pour se remettre en marche. Mon mental s'est mis à galoper à toute allure apportant ennuis, peine et peurs. Me rappelant alors les propos de mon voisin de chambre, je me ravisai et je me dis : « Stop, mental ! Ça suffit ! » Heureusement que je n'ai pas dit cela tout haut ! Yvon en aurait été quitte pour une bonne peur…

Prenant un peu de recul face à moi-même, et avec les yeux de mon Esprit, le grand André, je regardai le petit André. Je le vis s'ennuyer, avoir de la peine et ressentir de la peur. Je lui dis : « Allez, mon petit, tu as droit à tes émotions. Mais moi, je me contenterai désormais de t'assister dans tes envolées. » À peine cette phrase était-elle terminée que je sentis une grande paix m'envahir. Le petit enfant qui était en moi cessa illico de pleurnicher sur lui-même. Wow ! Quelle différence de comportement je constatais, comparé à hier alors que je me complaisais dans la souffrance... avec l'espoir inavoué de me faire consoler, donc aimer !

Je me rappelai aussi les paroles qu'Yvon m'avait dites lors de notre dernier voyage à la Catalina, alors que je lui expliquais mes états semi-dépressifs matinaux. Il m'avait expliqué qu'il était normal, après avoir passé une nuit à voyager dans les mondes spirituels, que l'on soit déçu de revenir dans son corps et de replonger dans la réalité. Ce matin-là, et les autres qui ont suivi, j'ai pris l'habitude de remercier la vie aussitôt que j'ouvrais l'œil pour la nouvelle journée qui m'était offerte et pour les expériences qu'elle allait me faire vivre. Cette seule pensée a depuis lors le don de me donner des ailes pour les prochaines vingt-quatre heures. Essayez, vous verrez bien...

A.H.

L'Esprit voit;
l'intellect interprète,
le mental prédit . . .

Le maître naît de l'union de
l'Esprit avec son mental.

Chapitre 3
UN REGARD SUR LA VIE... IMPOSÉE

2e jour, Bayahibe.

Je suis assis, seul sur la plage, à regarder les gens autour de moi. Comme leur vie semble structurée ! Il y a ici des Français, des Espagnols, quelques Américains et beaucoup de Canadiens. Bien qu'ils soient tous de culture différente, je constate qu'ils ont tous les mêmes comportements. Si on regarde nos vies, peu importe d'où l'on vient, on voit se répéter les mêmes *patterns*.

D'abord, nous sommes les enfants de quelqu'un. Puis nous grandissons en voulant faire comme les grands – appelons cela l'adolescence. Regardez les jeunes imiter leurs parents et leurs idoles. Ensuite, nous devenons des adultes qui vivent dans un monde d'adultes. Il a d'ailleurs été prouvé que plus une ville grossit, plus l'âge mental de ses habitants tend à baisser. Nous sommes les nouveaux adultes de cette génération. Nous prenons mari ou femme et nous commençons une vie nouvelle avec le travail, la maison, et bientôt les enfants. Laissez passer les années et vous reproduirez exactement le *pattern* de vos parents.

Quel bonheur, en effet, de vivre en famille aussitôt sorti de l'enfance ! Au début, ce sont nos parents qui nous disent quoi faire ou ne pas faire. Ensuite, notre compagne ou notre compagnon de vie prend la relève. Et dans une trentaine d'années, ce seront nos enfants ou encore l'État qui disposeront de nous. Quel bonheur !

N'en avez-vous pas marre de vivre ainsi ?

La vraie vie est celle que je viens de décrire, et cela, peu importe le pays. Voilà ce que je vois et constate avec ma conscience éveillée, et ça ne m'excite pas. Pas du tout ! Je veux changer cela, pas pour les autres, juste pour moi. Alors je deviens une sorte de rebelle. Je suis réfractaire à ce genre de système qui nous aspire inexorablement à l'intérieur de lui-même, créant ce que l'on nomme la réalité. Quant à moi, ce n'est pas comme ça que je veux la vivre. J'ai compris qu'elle pouvait être ce que je voulais qu'elle soit, et j'ai commencé à l'influencer.

Chaque jour que je vis, je regarde la réalité en face en me demandant pourquoi je veux telle ou telle chose. Quelle partie de moi désire cela ? Dans quel but est-ce que je fais ça ? Je me rends alors compte que trop souvent, je ne sais pas ce que je veux. Que je suis comme les autres, que je me coule dans le moule de la vie comme tout le monde... Pourtant, je ne veux pas être comme les autres. Je veux juste être moi, comme le Christ nous l'a enseigné. J'y arrive, mais lentement, très lentement.

Cela ne se fait pas sans heurts, croyez-moi. Il n'est pas facile de sortir de la réalité des autres tout en continuant à vivre avec eux. À ce sujet, avez-vous regardé le film *La matrice,* où il est justement question de la réalité? Dans ce film, les personnages peuvent sortir de la réalité grâce à un appel téléphonique – évidemment c'est de la science-fiction. Ils retournent ensuite à leur réalité bien à eux, la vraie.

En observant les gens autour de moi, je me suis aperçu qu'ils avaient un rythme de vie plus lent que le mien. S'il en est ainsi, c'est parce qu'ils dorment. Pour ma part, comme j'ai commencé à augmenter mon taux de vibrations, mon métabolisme s'accélère, ce qui me permet de sortir de la matrice dans laquelle vous vivez en ce moment. Je suis trop inexpérimenté dans ce processus pour pouvoir l'utiliser pleinement, mais je commence à en entrevoir les possibilités. Et elles sont infinies. Ici, en dehors de la matrice, mon imagination est ma seule limite et l'Univers, mon terrain de jeux. Ici, je deviens conscient de ce que je suis et je suis infini. Voilà mon nouveau territoire d'enquêtes et d'expérimentations.

C'est la première fois que je parle de ces choses personnelles dans un ouvrage. Il est vrai que j'évolue continuellement et que les changements se font de plus en plus rapidement... en moi et autour de moi. Tenez, depuis deux jours, je m'amuse à faire tourner mon vin. Vous savez, le vin que l'on nous sert pendant un repas. Eh bien ! Demandez-le à André, ce vin tourne au vinaigre tout seul. Je n'ai qu'à en boire un peu, et avec les minutes qui passent, l'arôme s'en va, faisant place à un goût amer et vinaigré. On dirait que je vide le vin de son parfum. Très intéressant...

Concernant l'éveil de la conscience, tout dépend de la personne concernée...

De ses origines, de sa culture, de son tempérament, de l'éducation qu'elle a reçue, etc. Prenez moi, par exemple. Je suis un homme blanc, québécois, je parle français et je suis de tempérament plutôt spécial. Mon éveil de conscience se fera donc selon ces paramètres, car ils font partie de ce que je suis. Comme je suis un être de Lumière incarné dans un être humain qui vit ici, au Québec, je dois me comporter de façon à être compatible avec mes semblables, c'est-à-dire les autres Québécois. C'est normal, non ? Sinon, à quoi cela me servirait d'être incarné ici, parmi eux ?

On retrouve ici le principe du « par lui, avec lui et en lui ». Lui étant mes semblables, ma race, mon peuple. L'éveil de la conscience fait partie d'un processus qui implique quelqu'un de bien plus grand que mon humble petite personne. Cela concerne la Terre, notre mère à tous. Donc, en modifiant ma conscience personnelle, je modifie le *pattern* de sa conscience à elle.

D'ailleurs, je suis ici parce que, elle, la Terre, a voulu qu'il en soit ainsi. Elle me fournit mon corps et tout ce dont il a besoin pour vivre sur son domaine. L'éveil qui est le mien est donc une partie du plan de vie qu'elle s'est fixé et qui passe par ma personne pour s'accomplir. Je suis une partie d'un tout, une partie d'une équipe que je nomme les Québécois. Si je tiens compte de ces éléments, il me sera plus facile de voir l'ensemble d'un plan plus vaste que ma petite personne. Je me sens ainsi concerné par un travail collectif, et pas seulement personnel. Et je trouve cela rassurant.

Y.M.

Le maître qui a besoin
de s'en donner le titre
en est encore à son
apprentissage . . .

Après avoir possédé
plusieurs voitures de rêve,
je peux vous affirmer que
le rêve n'est pas...
dans la voiture.

Chapitre 4
DÉPASSEMENT, QUAND TU NOUS TIENS...

Assis sur cette plage de la République Dominicaine, je regarde les gens vivre autour de moi. Il y a des centaines de touristes qui, tout comme moi, sont venus oublier un peu les rigueurs de l'hiver canadien. Certains sont en groupe, d'autres en famille ou en couple, il y en a qui sont seuls. Je me demande bien ce qui peut pousser quelqu'un à venir ici tout seul. Cela me semble impensable. Pourtant, même marié, je me sens souvent seul au milieu de la société dont je fais partie, parmi ces gens que j'appelle mon peuple, ma race, les humains. Je vis avec eux et je semble faire comme eux, mais à l'intérieur de moi, c'est différent. Aux yeux des gens, je pense comme eux, alors qu'en réalité... Comment pourrais-je penser comme eux en sachant toutes ces choses qu'ils ne savent pas ?

Mon ami André est resté dans la chambre pour tenter d'écrire sur son nouveau portable les prémisses de ce livre. Je me suis donc retiré, et me voilà sur cette plage dorée avec un cahier immaculé que je vais noircir de mots.

Encore une fois, je me retrouve seul. C'est préférable pour écrire, apparemment. Vous savez, André et moi avons vécu quelque chose de merveilleux ce matin. Nous étions tous les deux dans l'eau vert émeraude de la mer. Comme d'habitude, j'étais terriblement tendu, car j'ai peur de l'eau. Peur de m'y noyer, bien sûr. J'avais de l'eau jusqu'aux genoux et j'appréhendais la prochaine vague, prêt à me sauver. Percevant ma peur, André commença à me parler calmement, et mon corps se détendit. Nous nous sommes ensuite avancés un peu plus loin dans la mer et pour finalement nous baigner comme des enfants.

Je sais nager, peut-être pas assez bien pour faire de la compétition, mais assez pour m'amuser. Soudain, André s'est mis à me parler de Jean le Baptiste. Sans y réfléchir, je me suis mis à genoux devant lui, dans l'eau. Sa main s'est alors posée toute seule sur ma tête qu'il a enfoncée doucement dans l'eau, comme s'il était en train de me baptiser. Il était inconsciemment en train de le faire. Ensuite, comme il me l'a suggéré, je me suis totalement immergé. J'ai cessé instantanément d'avoir peur de l'eau, d'avoir peur de la mer. C'est comme si j'arrivais sur la terre pour la première fois de ma vie.

Je me suis baigné dans la mer et je m'y suis bien amusé. J'ai découvert que les vagues soulevaient naturellement mon corps et qu'ainsi, elles permettaient de garder facilement la tête hors de l'eau. Je l'avoue, j'ai vraiment eu du plaisir. Un moment de bonheur intense partagé avec un ami que j'aime beaucoup.

La fatigue physique se faisait sentir, nous avons nagé jusqu'à la rive et j'avoue avoir trouvé le trajet plus long que je ne le pensais. Ce n'est pas dangereux car ici, dans la mer des Caraïbes, la plage s'étire indéfiniment le long des eaux turquoise. Arrivé sur la rive, nous nous installons sur nos jolies chaises jaunes. À peine assis, je sens mon cœur battre très fort, comme s'il voulait sortir de ma poitrine.

J'essaie de me calmer, de reprendre mon souffle, et je constate avec une amère déception que je suis en train de faire une crise d'hyperventilation. Je panique carrément. Je me rappelle la crise que j'ai faite il y a des années. On avait dû me transporter à l'urgence d'un hôpital après un trajet en ambulance où l'on m'avait fait respirer de l'oxygène pur pour survivre. Je me souviens aussi de ma réaction agressive quand l'ambulancier avait voulu m'enlever le masque à oxygène, prétextant que je n'en avais plus besoin.

C'est à ce moment que j'entends Shannaton, mon Esprit, qui, par le biais de ma voix intérieure, m'a dit de me lever, de ne pas rester couché. Curieusement, je répète alors tout haut ce que Shannaton me dit. Inquiet, André pâlit, il a peur pour moi. Il ne connaît rien à ma maladie. Je lui dis de toucher mon cœur, qui bat à tout rompre. Dès qu'il pose sa main sur ma poitrine, tout s'arrête ! Cinq minutes après, j'étais en parfaite forme physique.

Un peu plus tard dans la journée, André m'a parlé d'un chapitre des *Enseignements de Shannaton*, un livre que j'ai écrit il y a quelques années. Il me remet en mémoire les événements qui ont ponctué mon arrivée sur la terre, tels qu'ils ont été décrits par ce Shannaton. « La façon dont il a aimé cette femme, tellement qu'il en est presque mort, me dit-il, me fait penser à ce que tu viens de vivre. On dirait qu'une partie de toi doit mourir lorsque tu te sens heureux d'être un humain. »

Comme il avait raison ! Tidré venait de m'expliquer simplement pourquoi j'étais malade chaque fois que je vivais un grand bonheur. Pourtant, je sais que le bonheur rend léger. Mais on dirait qu'un aspect de moi souffre après que je me sois amusé. Toute ma jeunesse s'est passée ainsi. Je me sentais diminué physiquement par rapport aux autres et je suis devenu un intellectuel par réaction.

Au début de mes vacances, mon corps me faisait atrocement souffrir. Comme c'était le cas la plupart du temps, c'est dans le dos ou dans la nuque que les douleurs se manifestaient, ou alors par des spasmes œsophagiens qui ressemblaient à une crise cardiaque. Comment s'amuser dans de telles conditions ? Toute mon existence, j'ai pensé que les plaisirs de la vie étaient réservés aux autres, pas à moi. Et maintenant, ici sur la plage, je me sens guéri !

* * *

C'est un fait, j'ai eu une peur bleue en voyant mon ami souffrir ainsi...

Il avait pourtant vécu une des plus belles expériences de libération de sa vie. Il n'était pas en paix avec l'élément « eau », mais l'initiation qu'il venait de passer l'a libéré de sa peur et l'a rendu encore plus lumineux.

Instinctivement, j'ai placé ma main sur son cœur qui battait la chamade. Une voix s'éleva alors en moi et lui ordonna, avec force et détermination, de se calmer. Il a obéi. Si vous saviez comment je suis fasciné de voir la rapidité et l'efficacité du travail énergétique que je fais, en y mettant de l'amour et en me détachant des résultats. Après qu'Yvon m'eut rassuré en me confirmant qu'il allait bien, je fermai les yeux et j'entrai en moi pour demander des explications à mon vieux sage.

Mon tendre Frédéric sourit, d'un sourire que j'interprétai comme une marque d'appréciation car, comme il me l'explique souvent, lorsque je m'élève, il s'élève aussi. Il fit donc monter sa voix en moi : « Tu vois, André, Yvon avait juste besoin d'un élément complémentaire qui se trouvait en toi. Seule ton énergie pouvait le lui fournir pour qu'il règle définitivement un problème important dans sa vie. Tu as simplement servi de catalyseur pour faire surgir une force indispensable à son élévation. »

« Des millions de gens servent ainsi de compléments énergétiques à d'autres personnes, mais ils ne s'en rendent pas compte. Plus leur amour pour eux-mêmes est grand, plus il arrive à transmettre cet amour à leur entourage. Un peu comme un virus bénéfique qui se répandrait à l'intérieur d'un organisme dont il fait déjà partie. C'est ça, l'entraide universelle dont bénéficient les humains ; des parties apparemment éparses qui appartiennent à un même tout ; chacun apportant une partie de soi aux autres. Merveilleux, n'est-ce pas ? »

Frédéric, mon bel Esprit, se tut, me laissant le soin de conclure par moi-même. Il ne nous reste plus qu'à croire à cette interaction entre les parties d'un même tout. Puisque nous sommes divins, nous pouvons être « tout » : être maître de notre vie et participer à l'élévation des maîtres en puissance autour de nous...

Mon amour, mon bel amour...

Quand mon corps fond sous le poids de tes ardents désirs, je plonge dans un merveilleux monde où de chaudes couleurs éclatent et scintillent comme les étoiles dans le firmament.

Je meurs au creux de tes bras en un moment d'extase et d'intense bonheur qui me fait oublier la terre, le ciel et ses malheurs.

Entre en moi, mon doux amant, mon autre moi. Deviens mon cœur, ma chair, mon âme, et ne faisons plus qu'un, car ma brûlante passion pour toi ne saurait attendre la prochaine fois où tu me posséderas.

Prends-moi, garde-moi, arrache-moi des démons du passé et berce-moi. Je veux m'endormir au son des battements de ton cœur et sous tes tendres caresses pour le restant de mes nuits et pour l'éternité...

Je t'aime

Poème de Myra O'Bomsawin

Chapitre 5
Faire l'amour, une fontaine de Jouvence

Faire l'amour, comme le dit si bien l'expression, c'est « fabriquer » en soi, par le biais du sexe, une énergie divine créatrice que l'on nomme « amour ». On permet aussi à nos nerfs de prendre de l'expansion, de sorte qu'ils font circuler en eux le fluide énergétique d'une puissance extraordinaire qu'on appelle l'énergie sexuelle. Plus cet acte naturel et divin est effectué avec amour et conscience, plus l'énergie véhiculée est puissante et créatrice.

Faire l'amour est aussi naturel que boire ou manger, qu'on se le dise une fois pour toutes. Mais hélas, pour plusieurs d'entre nous – et je fais partie de cette catégorie –, la religion et l'éducation reçue ont si parfaitement brouillé les cartes qu'elles ont réussi à faire de l'amour un péché, une chose sale, ce qui est absolument stupide.

La vérité est que, lorsque nous atteignons l'orgasme, nous allons simplement rejoindre notre âme divine pendant une fraction de seconde. Puis, nous redescendons dans notre corps, plus riche que jamais en énergie vitale. Faire l'amour est une façon directe et à la portée de tous les humains de rejoindre Dieu et de se ressourcer à Son essence. Les grandes religions perdent donc leur monopole d'être les seules à pouvoir établir ce contact privilégié par le biais de leurs représentants. Ces derniers devaient trouver une façon de couper les gens de ce besoin de réunion fondamental avec et dans le divin. Ils devaient gérer la vie de leurs ouailles et s'assurer que cet acte ne se ferait qu'avec leur bénédiction. Le stratagème est évident quand on y pense sans laisser intervenir nos préjugés.

Alors fut habilement inventé le péché, afin qu'on se sente coupable de tout, surtout d'être heureux et d'avoir de la jouissance. Durant des décennies, on nous a fait croire que seules la souffrance et la mortification pouvaient nous mener à Dieu. Comment alors pouvions-nous souscrire à un acte aussi sublime et divin que faire l'amour ? Toute une génération de gens ont été ainsi délibérément coupés de leur sexualité et, encore aujourd'hui, il en reste des traces. Hélas ! Cette carence, qui est à la source de nombreuses frustrations, en aura fait souffrir plus d'un, c'est le moins qu'on puisse dire.

Je n'ai qu'à me rappeler mes premières masturbations d'adolescent qui ne m'apportaient que culpabilité et dégoût de moi. Je ressentais tellement de honte de m'être donné du plaisir ! Submergé par le remords, je courais aussitôt m'en accuser au confessionnal le plus proche... Je n'étais même plus maître de mon corps, qui me criait pourtant toute sa vitalité.

Cette culpabilité s'est perpétuée tout au long de ma vie d'adulte, jusqu'à il y a très peu de temps, alors que j'ai découvert, à ma grande surprise, que l'excitation sexuelle était une affaire divine car, qu'elle fût vécue seule ou avec un partenaire, ce n'était pas une perversion ni une tentation du démon. Permettre à l'énergie divine créatrice de jaillir en soi est, selon moi, l'un des plus beaux cadeaux que l'on puisse offrir à notre corps comme à notre Esprit.

La culpabilité dans le sexe agit comme un seau d'eau que l'on viderait sur un feu pour en éteindre les flammes, la chaleur. Plus on est conscient de l'importance qu'il y a à maintenir en soi ce feu vital et divin, plus on en bénéficiera. D'ailleurs, il suffit de regarder les périodes où l'on a été le plus actif sexuellement dans notre existence pour constater qu'elles ont également été les plus fructueuses sur tous les plans.

Tout comme il y a trois âges, celui de l'enfance, de l'adolescence et de la période adulte, il y a trois étapes essentielles dans la sexualité. La première est la période d'expérimentation, avec la découverte du plaisir que nous procurent nos organes génitaux (enfance). La seconde en est une de jeu (adolescence). On apprend à jouer avec le sexe, à y mettre du sentiment, à expérimenter au gré de nos fantasmes. Puis vient la période adulte alors que l'amour se rajoute au volet sexuel, un ou une partenaire venant combler le vide créé durant les deux premières étapes. La sexualité n'est plus simplement une affaire de sexe, mais l'occasion de fusionner avec notre âme.

Ces trois âges doivent être vécus le plus pleinement possible. Si une étape est expédiée ou carrément esquivée, si, par exemple, on passe trop rapidement de celle de l'enfance à celle de l'âge adulte, on devra un jour ou l'autre revenir à l'étape du jeu, parfois avec un autre partenaire. C'est peut-être là qu'intervient ce qu'on appelle le démon du midi… Ce n'est qu'après avoir fait cette expérimentation qu'on pourra s'épanouir sexuellement. Personnellement, j'ai peine à croire ceux qui prétendent pouvoir transcender la sexualité en la sublimant, à moins que cela n'ait été fait pleinement dans une vie antérieure, et encore...

Une fois qu'on a découvert la sexualité et toutes ses possibilités, qu'on s'est appliqué à y développer le jeu, on pourra commencer à faire l'amour... Une étape à la fois, sinon... retour à la case de départ !

A.H.

L'imagination

La vie est ainsi faite que de jours en jours nous avons de moins en moins de temps. Toujours plus vite, toujours plus loin, telles sont nos devises à tous.
Mais dans ce va-et-vient que faisons-nous de nous-mêmes ?
Entre le travail et la télé, entre les sports et les soirées, il ne nous reste que le temps de manger et de dormir.
Dormir, le seul moment de notre journée où l'on écoute ce qui se passe à l'intérieur de nous quand, avant de sombrer dans le sommeil, l'on ressent une facilité pour le rêve, l'irréel, les domaines de notre imagination.
Et pourtant, c'est elle, notre imagination, qui a le pouvoir de nous ouvrir les portes des autres réalités.

Chapitre 6
LA RESPONSABILISATION

Au fur et à mesure qu'on vit un éveil de conscience, on se rend compte à quel point on a pu avoir appris à se sentir responsable de plein de choses. Responsable de soi-même, responsable de sa famille, de son conjoint, de ses enfants, responsable de ses paiements, du compte d'électricité, de téléphone, de l'abonnement au câble. Et responsable de ses dettes, parce que tout le monde contracte des dettes. Tout le monde veut posséder une voiture, faire des voyages, avoir plein activités, toutes ces choses qui constituent justement ce qu'on appelle « vivre ». Ce qui nous oblige à toujours payer, parce qu'on vit dans un monde capitaliste et que cela implique des paiements à faire, donc des responsabilités à assumer.

En plus de vivre dans un monde capitaliste, on vit dans un monde axé sur la famille. On ne valorise pas le célibat, mais la famille. Très tôt, on encourage les jeunes hommes à se responsabiliser, à avoir une « blonde » pour avoir des relations. Car on est encore dans un monde macho où les jeunes hommes doivent prouver le plus tôt possible à leur entourage, dont leurs amis, qu'ils sont des hommes matures. Et le moyen le plus fréquemment utilisé sur la Terre actuellement, pour affirmer sa virilité, sa maturité, c'est d'avoir une amie avec laquelle, évidemment, on a des relations sexuelles.

Avec le temps et avec les moyens de contraceptions actuels, on a réussi à avoir ces relations sexuelles sans pour autant avoir d'enfants. Mais à l'époque, dès que les jeunes étaient adolescents, ils avaient la possibilité de concevoir. Les enfants étaient ensuite pris en charge par la famille ou la communauté et élevés par des gens qui avaient un certain âge. D'ailleurs, on observe le même phénomène dans des mondes plus évolués, différents de ceux qui existent sur la Terre ou même dans certains pays. C'est-à-dire que, dès que les adolescents sont capables d'enfanter, ils font l'amour librement, parce que c'est un appel de la nature. Et des gens plus âgés, donc ayant plus de maturité, s'occupent d'élever ces enfants à la place des jeunes, qui continuent à vivre leur vie de jeunes adultes avec tout ce que cela implique. Je parle ici de tribus où l'homme est encore un chasseur et où la femme s'occupe d'entretenir la maison et de préparer la nourriture, ce qui demande plusieurs heures par jour. Je parle des pays en développement, qui fonctionnent comme les planètes où la vie se développe. Car chaque monde a sa façon de passer à travers les âges, d'évoluer.

Dès qu'on a affaire à des créatures capables d'évoluer dans des corps de chair, tous les plans finissent par se ressembler, dans le fond. Ces peuples-là qui, tout comme nous, sont capables de se reproduire eux-mêmes dans un corps de chair sensiblement pareil au nôtre, sont tous amenés à passer par ces étapes. On constatera que, dans un monde civilisé, les responsabilités arrivent alors que l'on est de plus en plus jeune. J'ai connu personnellement des enfants de neuf ou dix ans qui devaient quitter l'école le midi et se faire à manger eux-mêmes. Car leurs parents étaient au travail afin de gagner assez d'argent pour maintenir le train de vie familial ou parce qu'ils n'avaient tout simplement pas le choix. Dans ce dernier cas, cependant, on n'ose pas dire que c'est une question de train de vie...

On est forcément des victimes, n'est-ce pas ? Alors donc, les parents travaillent souvent tous les deux et personne n'est à la maison le midi. Et les enfants, même ceux en bas âge, se débrouillent seuls avec le four à micro-ondes et les mets que les parents qu'on leur a préparé la veille. Ils se font réchauffer un repas ou mangent pêle-mêle ce qu'ils trouvent dans le réfrigérateur. Il y a des jeunes qui, à douze ans sont vraiment des adultes dans un corps d'enfant, des adultes capables de se faire à manger, de se débrouiller seul. Et comme de nombreux parents ont des activités le soir, ils laissent, encore une fois, leurs enfants de façon assez régulière.

Voyez-vous, on est en train de forcer nos enfants à être responsables de plus en plus jeunes. Et pendant ce temps – quel beau paradoxe – la société forme les gens pour qu'ils soient de moins en moins responsables. Par exemple, ici au Québec, dans un coin de pays dit civilisé, il est de plus en plus facile d'accumuler des dettes, puis de déclarer tout simplement faillite. Ainsi, on n'a rien à payer. Après une période de quarantaine de cinq ans, au cours de laquelle on ne peut emprunter, on peut recommencer à acheter à crédit. Je connais personnellement des gens qui en sont à leur troisième faillite de ce genre. Alors, est-ce que ces gens sont responsables ou irresponsables ? Jouent-ils plutôt avec le système ? C'est embêtant de voir que les mêmes éléments peuvent amener une réponse dans un sens et une question dans l'autre...

Toujours est-il que la responsabilisation est un principe humain avec lequel on vit actuellement. C'est donc quelque chose de temporaire. Dans les années à venir, les gens n'auront pas à être la moitié responsable de ce qu'ils sont aujourd'hui.

Moi qui évolue dans le domaine de l'informatique, j'ai remarqué certaines choses depuis une quinzaine d'années. Au début, les ordinateurs étaient conçus pour des spécialistes en la matière. Les machines dont nous disposions étaient complexes. Juste pour faire un petit programme qui disait « Bonjour, quel est ton nom ? » – Mon nom est Robert. » – « Bonjour Robert... », ça me prenait une bonne heure. On utilisait alors un langage dit *BASIC*, donc de base. Aujourd'hui, ceux qui utilisent les ordinateurs n'ont plus à se casser la tête pour ce genre de choses parce que les appareils sont de plus en plus performants et de plus en plus simples.

Au début, donc, l'informatique était conçue pour des gens intelligents, cultivés. Quinze ans plus tard, je constate qu'elle s'adresse aux imbéciles. Plus ça va, plus cette tendance se confirmera. Dans quelques années, on n'aura même plus besoin d'utiliser un clavier. Il suffira de parler à l'ordinateur ; peu importe notre accent, il s'organisera avec ça.

Les ordinateurs personnels vont apprendre à reconnaître les défauts de langage de chaque individu, de chaque famille, et les gens n'auront plus jamais, jamais, jamais à écrire ni à compter. L'ordinateur sera une présence permanente dans la maison. Il sera même équipé de caméras et de micros. Ce sera aussi standard que les thermostats qu'on installe aujourd'hui dans une pièce pour en contrôler la température.

Alors, vous voyez, les gens vont s'habituer à parler à leur machine, et le système d'éducation actuel deviendra totalement caduc. À quoi servira alors d'apprendre à écrire ou à lire si on ne s'en sert jamais ? Évidemment, vous comprendrez que, lorsque les machines auront toutes ces possibilités, elles pourront nous lire un livre si on l'insère dans l'appareil et probablement même nous le montrer. Tout deviendra son et image.

Ma responsabilité de jeune homme était d'apprendre à lire et à écrire le plus tôt possible pour faire partie du monde des lettrés, du monde normal, celui dans lequel je vis actuellement. Et voilà que je me sens complètement dépassé, et cela, dans le seul temps d'une vie, une vie active normale de 40 ou 50 ans. C'est là que l'exemple devient intéressant.

On a appris qu'il fallait vivre en couple, faire des enfants comme nos parents l'avaient fait avant nous, avoir un travail, posséder une voiture. Mais tout ça, ce sont des *patterns* qui ne veulent rien dire. L'argent, par exemple, n'a d'importance que celle qu'on lui accorde. Si tout le monde en même temps arrêtait de croire à la valeur du fameux billet vert, celui-ci ne vaudrait plus rien.

Au fur et à mesure que l'on développe sa conscience, on se rend compte qu'on a travaillé toute sa vie pour être responsable, et que, en fin de compte, ces responsabilités étaient de fausses responsabilités.

Dans mon couple, par exemple, je constate que peu importe ce que je fais pour mon épouse ou pour notre fille, cela ne me concerne pas personnellement. Si je les quittais pour une raison ou pour une autre, je n'aurais pas à m'en vouloir, parce que ce serait ce qu'elles auraient à vivre. Ce ne serait pas de ma responsabilité, pas plus que de devoir subvenir à leurs besoins ou d'être au courant de tout ce qui leur arrive.

Je n'ai pas à porter la responsabilité de tous les événements qui surviennent chez les autres. Je ne suis responsable que de moi-même, donc de ce que je vis. Et même là, Dieu ne juge jamais. Jamais il ne va condamner quiconque, même pas quelqu'un qui se suicide. Si une personne décide de s'enlever la vie, c'est son affaire. Il existe, de l'autre côté, une dimension qui est tout à fait différente de la nôtre. Je le sais parce que je vais souvent voir ces gens-là, pas nécessairement les suicidés, mais les gens qui sont morts et qui ont un rapport avec nous. Ils me disent alors que je vis comme quelqu'un qui veut monter au ciel. Tandis qu'eux partent du ciel pour venir s'incarner sur la Terre, dans la matière.

Ce qui, pour moi, peut être un défi de vie est pour eux une sorte de jeu. Moi, je peux perdre ma vie, mais comme eux l'ont déjà perdue, les implications ne sont pas les mêmes. Moi, toutes les émotions que je vis sont rattachées à mon corps, à ma famille, à mon père, à ma mère, à mon éducation, au milieu et à l'époque dans laquelle je vis. Toutes ces émotions-là, ces êtres ne les ont plus. Ils les ont épurées, nettoyées. Alors, pendant que les gens se cassent la tête avec ça, eux, ils y voient un jeu. Qui n'a jamais entendu de ces histoires où des parents ou des grands-parents revenaient voir leurs enfants ou petits-enfants en songe pour leur dire : « Laisse passer les choses, les événements. Arrête de te culpabiliser. Ça ne sert à rien. Tu te fais souffrir, c'est tout. Tu ne pourras pas aller plus loin, ni plus haut, ni plus vite dans ton évolution. Ça sert à rien. En fait, si tu veux parfaire ton évolution, tu ferais mieux d'oublier tout ce qui te cause problème actuellement ».

C'est ce que je voulais vous dire au sujet de la déresponsabilisation : qu'il est préférable de désapprendre tout ce qu'on a appris, pour être simplement soi-même et ne s'occuper que de soi-même. Encore une fois, n'oubliez pas que la seule véritable loi divine est : « Aime ton Dieu de tout ton cœur, de toute ton âme, de toutes tes forces. » Et ce Dieu, n'est-ce pas cette âme qui vit à l'intérieur de nous ?

Il ne faut pas prier Dieu comme si cet être était à l'extérieur de nous, mais à l'intérieur de nous. Alors si on accepte l'idée que Dieu est à l'intérieur de nous, le fait de L'aimer de tout notre cœur, de toute notre âme et de toutes nos forces, suppose qu'on s'aime soi-même, avec tout ce qu'on est capable de s'offrir. Évidemment, et c'est ce qui fait la beauté de la chose, il n'y a rien de trop extraordinaire pour soi-même.

La deuxième loi divine, qui n'est pas vraiment une loi puisqu'elle est une suite logique de la première, dit ceci : « Si tu en es capable, aime ton prochain comme toi-même. » Cela ne veut pas dire qu'il faut se sentir responsable de ce qui arrive à notre épouse, à nos enfants, à nos compagnons de travail, à nos frères et sœurs, ou à tous les gens que l'on connaît et que l'on côtoie. Pour les voir ensuite se responsabiliser à leur tour pour ce qui arrive à leur mère, frère, sœur, amis, etc. Ce sont là toutes de fausses responsabilités. Des problèmes qu'on se met sur le dos parce que, dans le fond, on n'est pas bien dans notre peau, c'est tout.

Moi qui vis un éveil depuis maintenant six ans, je ne suis plus capable de prendre les problèmes des autres sur mes épaules. Ça fait sur moi exactement le même effet que pluie sur le dos d'un canard. Ça glisse, il n'y a rien à faire. Je n'ai pas à assumer des responsabilités qui ne sont pas les miennes. Et même les miennes, je m'en déleste une à une.

Justement, je racontais à André tout à l'heure que, parfois, je ne me souviens même pas de ce que j'ai fait la veille. Je n'ai aucun intérêt à m'en souvenir, et aucun avantage à le faire. Pourquoi me rappellerais-je ces choses ? Hier, j'étais dans le moment présent, et aujourd'hui, je suis encore dans le moment présent. Je peux quand même dire que je suis allé à différents endroits, par exemple que je suis actuellement en République Dominicaine. Dans quelques années, je dirai : « Oui je suis allé en République Dominicaine avec André. » Mais auquel de ces voyages ferai-je référence ? Cela n'a pas d'importance. Alors je n'essaie pas de garder ces souvenirs en mémoire. Je les laisse aller, justement parce que je n'en ai plus besoin.

Lorsqu'on gravit les marches de l'évolution personnelle et spirituelle, arrive un jour où on se retrouve devant une marche beaucoup plus haute que les autres, car la vie est un escalier.

On monte les premières marches. C'est facile, car ces marches sont faites pour des enfants. Un peu plus loin, elles deviennent plus hautes, plus larges. Et arrivé à un certain palier, on se rend compte qu'on a un sac sur le dos. Un gros sac semblable à ceux que portent les soldats, un sac qui fait un bon mètre de long pour un demi-mètre de diamètre. À l'intérieur de ce sac sont accumulés souvenirs, connaissances, compétences : tout ce qu'Yvon a fait depuis qu'il est Yvon, tout ce qu'Yvon veut garder. Pas ce qu'il a oublié, ce qu'il a laissé aller, les choses auxquelles il n'a pas tenu. Non, seulement ce dont Yvon désire garder le souvenir, la connaissance. C'est cela qui remplit son sac.

Pour pouvoir monter sur cette nouvelle marche, il n'y a qu'une chose à faire : mettre le sac par terre, monter dessus, s'étirer au maximum et s'agripper à la marche. C'est la seule façon d'arriver à l'autre marche.

Mais, une fois sur cette marche, je m'aperçois que mon sac est resté en bas. Il est impensable, et il n'est pas question non plus de l'apporter. Car il n'y a pas de longue corde ou de lien quelconque que je puisse m'attacher à la taille et attacher au sac. Rendu à cette étape de mon évolution, j'ai oublié, j'ai laissé tomber, j'ai laissé aller, j'ai lâché prise. La seule façon d'ailleurs de monter cette marche-là, c'est de lâcher prise.

Cette marche-là, vous allez tous la rencontrer un jour ou l'autre dans votre cheminement, au moment où votre éveil spirituel commencera à se manifester. Vous allez d'abord être confronté à vos blocages. Les blocages, c'est ce qui nous empêche d'être vraiment nous-même. Ce sont toujours des choses qui viennent des autres, jamais de nous-même. Ça peut aussi venir d'une autre de nos vies.

Par exemple, un de mes blocages avait rapport à l'eau parce que, dans une autre vie, j'étais mort noyé. Alors, vous voyez, ce matin, couché sur le dos, je me suis laissé flotter sur l'eau de la mer des Caraïbes, sans bouger. J'étais complètement immobile, et cela a vraiment été un moment de libération pour moi. Depuis lors, je n'ai pas refait d'autre crise d'hyperventilation ! J'étais bien.

Mais durant cette expérience, il y a eu un moment où j'étais mal dans ma tête, mal dans mon corps. J'étais à genoux, avec de l'eau jusqu'au cou et j'ai été obligé d'arrêter. J'ai alors fait un gros rot et j'ai senti de grandes émotions sortir de ma poitrine. C'était là que ça se passait, à l'intérieur de mon corps, au niveau du plexus solaire, à l'endroit où les côtes s'attachent. Et cette émotion provenait justement de cette vie où je m'étais suicidé par noyade. Le souvenir m'est revenu très nettement.

Dans cette autre vie, je souffrais beaucoup, et je n'en pouvais plus d'endurer cette souffrance. Alors, ce que j'ai fait, c'est que je suis descendu dans l'eau – je ne sais pas si c'était la mer, un lac ou quelque chose d'autre. Je me suis avancé toujours plus loin, puis j'ai soufflé volontairement tout l'air qu'il y avait dans mes poumons et je me suis laissé couler, en m'interdisant de remonter.

Les deux yeux grands ouverts, j'ai vu la mort venir me chercher.

Et ce matin, je me suis laissé flotter dans l'eau comme un cadavre. Mais, cette fois, c'était plus intéressant parce que je regardais le soleil. Il y a une chose de certaine, par contre, c'est que j'ai toujours aimé m'amuser à faire le cadavre dans une piscine. Depuis que je suis adolescent, j'aime me coucher sur le ventre, le visage dans l'eau. On se jette dans l'eau la face la première, on s'écarte les bras et les jambes, on retient son souffle et on fait le mort. J'aimais ça, dire aux autres : « Regarde, regarde ! Je fais le mort longtemps ! »

Aujourd'hui, je réalise que j'ai fait le mort pendant trop longtemps. Et maintenant, sous le chaud soleil tropical, j'ai plaisir à vous partager ces pensées et je vous dis : « À la prochaine ! »

Y.M.

Être maître, c'est jouer ;
Essayer de l'être, c'est travailler ;
Croire l'être, c'est s'épuiser...

On ne monte pas
vers un ange,
on lui prépare le terrain pour
qu'il descende
vers nous.

Chapitre 7
LA VIE DE COUPLE

Ce que je constate et que je trouve particulièrement intéressant, c'est à quel point les gens tiennent à mener une vie de couple. Moi-même, pendant plus de quinze ans, je dirais même pendant vingt ans de ma vie, j'ai tout basé sur ma vie de couple. C'était le centre total et complet de ma vie. À travers ça se sont ajoutés les enfants, des enfants qui sont venus compléter, embellir, réaffirmer, confirmer la réussite de cette vie de couple. Évidemment, il y a des couples qui n'ont pas d'enfants, mais ça ne veut pas dire que leur vie de couple soit un échec, même si, socialement, les enfants viennent confirmer que la vie est réussi pour le couple. Cela n'est qu'un mythe et n'a aucune valeur réelle.

Ce qu'on nous a appris ici, au Québec, comme dans plusieurs pays d'ailleurs, c'est que nous aspirons à vivre en couple, à faire des enfants et à mourir en laissant sur la planète une partie de nous-même qui modifiera le futur. Ce n'est pas con quand on y pense. C'est même très ésotérique, très spirituel, et il y a un grand fond de vérité dans tout ça. Mais, à mon sens, il s'agit là d'une déformation de la réalité ou de la vérité. Toute vérité étant temporaire, n'est-ce pas, je constate aujourd'hui que, lorsqu'on arrive sur une planète, on le fait forcément seul. Tout Esprit qui arrive sur une planète est seul avec lui-même.

Car les Esprits voyagent seuls tandis que les âmes voyagent en groupe. Il peut être intéressant de prendre conscience de ce phénomène. Les âmes ont une tendance naturelle à former de petits groupes pouvant compter jusqu'à cent mille individus, ce qui est un tout petit nombre par rapport à l'univers si on tient compte de l'immensité de celui-ci. Les Esprits, quant à eux, peuvent aussi voyager en groupes, mais ils préfèrent souvent le faire seuls. L'Esprit va expérimenter une incarnation comme la mienne, celle d'Yvon Mercier, en s'associant à une âme – celle-ci vient d'un groupe d'âmes qui est sur place, évidemment – et ensemble, ils vont prendre chair, en passant par mes parents.

Donc, je suis arrivé ici seul et je vais repartir seul. Alors, pourquoi est-ce que moi, en tant qu'Yvon, j'ai promis à la personne avec qui je vis d'être avec elle pour l'éternité ? Comment ai-je pu faire ça ? Avec les années qui passent, mon éveil augmente constamment à cause des contacts que j'ai avec des êtres de l'au-delà. Avant, j'étais un enfant, je parlais comme un enfant. L'enfant dit à sa mère : « Maman, quand je vais être grand, je serai ton mari, je vais te marier. » Et il le pense. J'étais donc un enfant et je disais à ma compagne : « Je suis avec toi pour l'éternité. » Et je le pensais. Je réalise maintenant que c'était de l'ignorance de ma part. Aujourd'hui je sais, en tant qu'Esprit, que je suis arrivé seul sur la terre et que je vais repartir seul. Je le sais, c'est indéniable.

Mais voilà que je suis confronté à la séparation éventuelle de mon couple. Évidemment, je peux jouer à l'autruche comme beaucoup de gens le font. Dire qu'un jour je vais mourir et que la mort va nous séparer, mon épouse et moi. Ou bien qu'elle va mourir avant moi, ou qu'elle va me quitter, ou qu'il va se passer quelque chose... Vous voyez ce ne sont que des échappatoires. La vraie vérité, la vérité fondamentale, c'est que je suis arrivé seul et que je vais repartir seul. De quelle façon ? Ce n'est pas important de le savoir. Je n'ai pas à le décrire non plus, même si je commence à en avoir des images.

Toutes les personnes qui essaient de vivre en couple devraient savoir ceci : l'Esprit voyage seul, il arrive seul dans le monde, et il repart seul. Le reste, on l'a emprunté dans ce monde, dans cette réalité que l'on vit. Nous sommes des emprunteurs extraordinaires. Nous empruntons les formes d'une planète, les mœurs d'un peuple, même de l'argent pour mener cette vie-là. À un moment donné, on laisse tomber tout ça et on repart seul avec soi-même, comme lorsqu'on est arrivé, mais avec une expérience en plus. On s'en va vers un autre monde, une autre réalité, un autre type d'expériences, et ça, c'est absolument et totalement infini. Ça n'arrête jamais. Alors, pour ceux qui pensent vivre leur dernière vie, je suis désolé de leur apprendre que le processus de l'univers est infini et qu'il ne s'arrêtera jamais.

Y.M.

* * *

Oh ! que j'ai réagi lorsque j'ai entendu cela...

Je me rappelle lors de mes premières discussions avec Yvon, comment ses propos me dérangeaient lorsqu'il me parlait de sa relation de couple et de sa conception plutôt... révolutionnaire de la vie à deux. Je suis moi-même marié depuis plus de vingt-cinq années et j'ai écrit un livre intitulé *Les pros de la vie à deux,* un livre dont je suis encore très fier d'ailleurs. Mais je dois avouer que j'ai eu bien du mal à faire abstraction de mes préjugés et de mes croyances afin de découvrir ce qui se cachait derrière ces paroles. Je ne les ai comprises que plus tard, après de nombreuses méditations et expérimentations.

De prime abord, comme plusieurs d'entre vous, j'en suis sûr, je pensais qu'Yvon avançait qu'il fallait coucher avec tout le monde, divorcer au plus vite pour éviter de s'engager dans une relation durable. Évidemment, je me suis ravisé rapidement, car j'ai compris que ce qui comptait, c'était de cesser de se cacher la vérité, c'était de devenir transparent et de remettre régulièrement à jour nos priorités de couple. C'est ce que j'ai fait avec Céline durant plus d'un an. Durant cette introspection, je me suis aperçu qu'à cause de mon serment devant l'autel, j'étais fidèle par obligation, pas par choix. Cette obligation devait passer par-dessus tout, peu importe ce qui pouvait arriver. Combien de gens qui, après avoir vécu une histoire d'amour passionnante et s'être mariés, deviennent peu à peu des étrangers vivant sous un même toit ! Ils souffrent tous les deux de leur côté parce que, il y a plusieurs années, ils se sont engagés à rester ensemble coûte que coûte.

Dieu veut que ses enfants soient heureux, car Il vit en eux, Il est eux, Il existe par eux. Alors, pourquoi voudrait-il s'infliger de la douleur ? Il n'est tout de même pas masochiste ! Lorsqu'un engagement devient une cause évidente de souffrance, c'est qu'il est peut-être temps de le réviser, comme un contrat dont on modifie les clauses pour l'ajuster à notre situation. C'est ce que nous avons décidé de faire, ma compagne et moi. Je me considère comme un homme fidèle, mais maintenant, je le suis par choix, non à cause d'un serment fait devant l'autel. Si l'un de nous deux est un jour malheureux dans sa relation, s'il n'est plus attiré par l'autre pour telle ou telle raison, c'est qu'il y aura un problème à régler. Et ce n'est pas une obligation morale ou une clause contractuelle qui le règlera pour nous.

Ce dont nous parle Yvon dans le texte précédent, c'est qu'il nous faut acquérir une certaine maturité. L'enfant a besoin de toutes sortes de règles pour rester dans la bonne voie. Mais lorsqu'il passe à l'âge adulte, il n'a plus besoin qu'on lui dise quoi faire ou ne pas faire ; il est capable d'assumer ses choix.

Voilà ce qu'est l'élévation de la conscience que nous prônons, Yvon et moi, tout au long de notre route. Un *pas-sage* vers la prise en charge de notre destinée, hors des règles qui n'ont été établies que pour nous garder dans le droit chemin...

Serai-je encore en couple dans quelques années ? Il y a quelques mois, j'aurais répondu oui sans hésitation. Aujourd'hui, je ne me pose même plus la question, bien que je sois optimiste à ce sujet. Je veux me consacrer à vivre chaque jour intensément comme si c'était le dernier, sans me soucier de ce que me réserve l'avenir. Je ne veux pas me bâtir des scénarios qui, de toute façon, ne se réalisent jamais de la façon qu'on a imaginée. Si je dois terminer mon existence seul comme je l'ai commencée, j'accepterai mon sort, car j'ai décidé de faire confiance à la vie. À quoi bon tenter de tout contrôler ? On ne fait alors que gaspiller une quantité extraordinaire d'énergie au lieu de l'utiliser pour vivre notre vie.

Aujourd'hui, je m'aime à la folie ; j'aime Céline plus que tout au monde ; j'aime le soleil qui me réchauffe de ses rayons caressants ; j'aime le merveilleux colibri qui vient me faire un clin d'œil par la fenêtre ; j'aime... TOUT ! Demain, on verra. Il y a tellement d'amour dont je puisse me gorger aujourd'hui que je serais fou de tout gâcher avec des peurs qui ne sont que le fruit de mes pensées, des peurs qui ne sont pas réelles...

A.H.

Hymne à l'homme

Oh ! homme que tu es beau !
Que ton Dieu t'a réussi !
Homme, oh ! homme !

Que de talents !
Que de formes splendides pour un seul être !
Homme, oh ! homme !

Quelle force !
Quel caractère !
Quel charme !
Toi qui a tout,
Homme, oh ! homme

Pourquoi envies-tu la femme ?

Chapitre 8
LA TRANSPARENCE

Il fait chaud ce matin. Je me réfugie sur la plage, crayon et papier en main, au cas où l'inspiration serait au rendez-vous. Woups ! Elle l'est. Voyons donc ce qu'elle a à nous dire...

Une des plus belles qualités que recherche un Esprit lorsqu'il s'incarne est sans contredit la transparence. Seuls les êtres qui en sont entièrement imprégnés peuvent être considérés comme des maîtres authentiques – d'ailleurs, ces derniers ne s'en rendent pas compte, la plupart du temps.

Lorsqu'un être transparent s'exprime, ses paroles resplendissent de lumière. Cette lumière est issue de la pure vérité que cet être dégage et elle donne rarement lieu à la controverse. Cet être assume si bien sa vie et les expériences qui la jalonnent que ses actes ne peuvent être jugés que par ceux qui se jugent eux-mêmes. Quiconque aspire consciemment à la transparence est automatiquement nourri par des êtres qui en sont eux-mêmes imprégnés. Ils s'attirent mutuellement.

Pour ce qui est de la société en général, c'est autre chose. Elle tentera de prendre ses distances, car elle se méfie de ces gens comme la peste. On ne peut le nier, gouvernements et religions ne sont pas des modèles de transparence. Ils recèlent des recoins tellement sombres, souvent taris, qu'ils sont complètement détachés des hommes transparents. Ceux-ci constituent une trop grande menace pour leur système de soumission de la masse. On fera tout pour les écarter de LA voie, leur voie – il n'y a qu'à penser à John F. Kennedy, à Martin Luther King ou au Mahatma Gandhi.

Être transparent, c'est pouvoir parler de ses défauts et de ses qualités, sans gêne mais avec modestie. C'est savoir se dire à soi-même et le plus sincèrement du monde « je t'aime », avec un sourire franc flanqué sur les lèvres. C'est aussi pouvoir exprimer ouvertement cet amour de soi à son entourage, sans se cacher et sans craindre d'être mal reçu ou d'être jugé.

Être transparent implique une vision claire de l'être divin que l'on est. Cela implique aussi qu'on comprend d'où l'on vient et où on va. Et cela exclut toute notion de culpabilité. Car chaque expérience que l'on vit, qu'elle soit bonne ou mauvaise, doit être considérée comme une poussée de l'humain vers son Esprit, ou de l'Esprit vers son humain...

Être transparent, c'est chercher instinctivement la joie de vivre en tout et oser en parler à tout le monde. C'est se permettre de vivre intensément une émotion ou de pleurer sans retenue, en sachant que, si cette émotion s'extériorise ainsi, c'est qu'elle a d'abord été bloquée par le cerveau. Elle a ensuite été analysée à outrance, puis elle s'est imprégnée quelque part dans notre corps, causant de la souffrance. Être transparent, c'est aussi offrir ses larmes en toute humilité à qui veut bien les accueillir.

Être transparent, c'est voir Dieu en tout, dans le malfaiteur comme dans le saint, dans la prostituée comme dans le lama tibétain. C'est se voir comme un être de chair animé par un Esprit divin, lui-même nourri par son âme et en constante recherche de conscience. C'est aussi regarder et accepter les autres comme ils sont, amis ou ennemis, sans les juger, en remerciant simplement la Vie de les mettre sur notre route. Ce sont des acteurs des plus professionnels qui jouent si bien leur rôle qu'ils nous forcent à nous surpasser et à donner notre meilleure performance.

Être transparent, c'est oser se dévoiler complètement devant les autres sans avoir peur de leur jugement. C'est prendre candidement le risque de déplaire à l'occasion, en faisant fi de la crainte de ne pas être aimé en retour – c'est le plus grand défi de celui qui écrit ces lignes... En fait, être transparent, c'est avant tout aimer le Dieu qui vit en chacun des êtres humains, en reléguant au second rang le personnage dans lequel son Esprit s'est incarné.

La transparence est magique. Elle arrive à faire des brèches dans les carapaces les plus dures. Elle se fraie subtilement un chemin de lumière à l'intérieur de tous les êtres, même les plus fermés. Elle est teintée d'une éternelle jeunesse. Comme l'enfant, elle est animée d'une constante et quasi irrépressible propension à s'amuser, de sorte qu'il devient facile de surmonter ses peurs.

L'être transparent ne laisse personne indifférent, car il incarne la vérité, une des perles les plus recherchées par les Esprits en cheminement. Il sème la paix, l'espoir et la motivation chez les êtres de bonne volonté. Mais il fait souffler un vent contraire et parfois un vent de panique sur les gens mesquins qui portent de multiples masques pour cacher leur vraie personnalité. Ceux-ci tenteront en vain de le faire taire, mais leurs efforts seront inutiles, car cet être n'a rien à cacher. C'est bien là le problème... et en même temps sa meilleure arme. C'est pourquoi les grands sages de ce monde n'ont pratiquement pas de secrets pour personne. Ils peuvent cependant avoir un jardin secret bien à eux et ils n'hésiteront pas à en ouvrir la porte et même à le faire visiter à leurs amis sincères – ce sera forcément des êtres transparents comme eux, ou en voie de le devenir.

Les maîtres dignes de ce nom sont toujours des gens transparents. Sachons les reconnaître lorsqu'ils passent dans notre vie et nourrissons-nous à satiété de leur jeunesse, de leur énergie et de leur vérité. Car ils possèdent une grande partie de cette vérité, même si c'est bien souvent à leur insu. Ne nous contentons pas de les regarder agir. Devenons peu à peu comme eux ; c'est le plus beau cadeau que l'on puisse s'offrir.

Une demi-heure plus tard...

Je ne veux pas avoir l'air de me plaindre, mais il faisait vraiment trop chaud sur cette plage où j'ai eu tant de plaisir à écrire ce texte sur la transparence. Je suis donc allé me rafraîchir dans les eaux tièdes de cette mer des Caraïbes si attirante. J'en arrive tout juste, et je suis encore tout dégoulinant, après une courte escapade de plongée en apnée. J'ai pu admirer, dans ces eaux magiques, des myriades de poissons multicolores, tous différents les uns des autres. Certaines espèces se promenaient par bancs de centaines d'individus ; d'autres, par contre, suivaient leur route seuls. Couleurs, formes, agilité différentes, mais tous des poissons avec une âme comme la mienne, mue elle aussi par un Esprit divin qui en est toutefois aux premiers balbutiements de son évolution, de son expérimentation de la matière.

Et moi, évoluant au cœur de ces merveilles, j'ai toujours le mot « transparence » en tête. Moi qui me laisse parfois prendre à l'illusion que l'homme siège sur un trône au faîte de la création et de la sagesse, je me surprends à me demander si ces poissons n'ont pas quelque chose à m'enseigner… « Bien sûr que oui, me lance mon Esprit, profitant de l'ouverture qui lui est faite. Regarde au lieu de penser… »

J'ouvre grands les yeux sous mon masque, un masque qui me rend sûrement ridicule pour cette faune marine. Je constate alors que tous ces poissons qui défilent et dont plusieurs sont même translucides, s'en vont librement, au gré des courants, chacun sur sa route. Il me paraît plus qu'évident qu'aucun d'eux ne se trouve sur le mauvais chemin, même ceux qui, bizarrement, semblent nager à reculons. Aucun jugement ne vient les distraire, aucune route ne leur semble inutile. Pas la moindre trace non plus de quelque hiérarchie ou de quelque titre que ce soit. Uniquement des poissons aux multiples talents qui ne cachent rien de leurs différences et de leurs couleurs. Aucun complexe du fait d'être plus petit ou plus gros que les autres, d'être multicolore, fluorescent ou d'un blanc terne, d'avoir la laideur du crapaud de mer ou la beauté du poisson tropical.

« C'est cela, la véritable transparence, André, me lança mon vieux sage intérieur entre deux respirations. Cet état où l'on ose montrer sans gêne ce que l'on est dans son essence, dans sa totalité, et où on laisse les autres en faire autant sans les juger à cause de leurs différences. »

Merci, petits poissons d'amour, pour cette leçon d'humilité et de transparence que vous m'avez donnée. Comme je vous envie de vivre ainsi ! Vous m'avez appris quelque chose ce matin. Il me reste à le comprendre, et je sais que je vais y arriver un jour. Je vous le promets, petits maîtres... Glou... Glou...

A.H.

Le mental ment ;
L'Esprit rit...

Pour le maître,
le mot maladie
s'écrit ainsi :
« mal-a-dit... »

Chapitre 9
NOUS SOMMES DES ÊTRES DE PLAISIR

Toujours sur la même plage, un matin de février, sous un soleil de feu qui réchauffe tout mon être.

Tout au long de son existence, l'être humain est mû par une seule motivation : le plaisir. Mais la course à la « sériosité » qu'il a amorcée à son arrivée dans le monde adulte s'est vite chargée de lui faire oublier tout cela. Regardez l'enfant. Ne recherche-t-il pas uniquement le plaisir dans tout ce qu'il fait : dans le manger, le boire, le toucher, dans ses relations affectives ? Cette quête de plaisir se poursuivra jusqu'à sa majorité. Sous prétexte qu'il a des responsabilités, on lui enseignera alors à refermer une à une les portes du plaisir. « Tu dois apprendre à être un homme ou une femme responsable », répète-t-on avec fierté à l'enfant qu'on borde dans son lit.

L'aspiration au plaisir est peu à peu étouffée et finit par se transformer en une recherche inconsciente de souffrance. Le jeune adulte rentre dans le rang et apprend que le bonheur a un prix, et surtout, qu'il entraîne sa part de souffrance. Ce qui est absolument faux, car notre Esprit étant d'origine divine, il resplendit naturellement de joie. On ne souffre que parce qu'on croit à ses bienfaits éventuels. Rappelons-nous quelques maximes populaires qui datent du temps de nos mères et qui ont probablement encore cours dans certains milieux : « Il faut souffrir pour être belle », « Dieu aime bien ceux qui souffrent », « Qu'il est bon de donner sa vie pour celui qu'on aime » ou « La vie a des hauts et des bas, mais bien plus de bas que de hauts », etc.

Nos cellules sont déjà remplies à ras bord des douleurs que nous avons ramenées de nos vies passées et qui refont surface dans notre vie actuelle. Il serait peut-être temps de renverser la vapeur et de contrer les effets dévastateurs que peuvent avoir ces croyances sur nous. Elles nous coupent trop souvent des bonheurs que nous offre la vie, mais que nous refusons sous prétexte que nous n'en sommes pas dignes. Chaque être humain est né pour la joie et le plaisir, mais il a beaucoup de difficulté à l'accepter, allez savoir pourquoi.

Un repas mémorable...

Hier soir, Yvon et moi avons partagé notre souper avec des compagnons de voyage, de purs étrangers qui sont devenus des amis le temps d'un repas. J'étais fatigué et je demeurais silencieux tandis qu'Yvon, au contraire, démontrait une folle propension à parler. Toute la soirée, son visage resplendissait de sa proverbiale transparence et il n'en finissait plus de clamer son bonheur. Lorsque cet homme est heureux, ses yeux débordent de joie de vivre et son énergie se répand rapidement autour de lui. (Dans le cas contraire, l'effet est aussi fort, mais dans l'autre sens...)

Je ne m'en doutais pas, mais à l'intérieur de lui, une petite voix, très sournoise, s'apprêtait à lui rappeler qu'il allait devoir payer pour ces « excès » de bonheur. Yvon a souvent de fortes réactions qui viennent le perturber. Elles proviennent de son éducation, de son héritage familial et sûrement de plusieurs vies antérieures consacrées à la mortification. Croyez-moi, je les connais, celles-là... C'est d'ailleurs une chose qu'il est venu transcender ici en ma compagnie : le droit absolu et permanent au plaisir. Pour être plus précis, disons que nous nous enseignons tous les deux le droit au plaisir. Il ne nous reste qu'à le comprendre et, pourquoi pas, à l'expérimenter à satiété jusqu'à complète saturation.

Mais la croyance selon laquelle il y a un prix à payer pour toute joie qu'on éprouve est si forte en lui que le lendemain de cette soirée mémorable, Yvon s'est levé avec un autre mal de gorge carabiné. Ce malaise a été activé par les cris sournois de ses cellules qui lui rappelaient que la souffrance est le corollaire obligé de l'extase.

Je me retrouve donc seul sur la plage à écrire ces lignes. Quand je me suis réveillé ce matin, j'ai senti qu'on me demandait de laisser Yvon dans sa caverne, afin qu'il puisse rebâtir sa joie de vivre en rétablissant le contact avec son Esprit. Qu'il est difficile de voir souffrir ainsi un être aimé. On est tenté de prendre un peu de sa souffrance sur nos épaules – ma spécialité. C'est d'ailleurs l'un des plus grands défis auxquels est confrontée l'humanité actuellement : vivre et laisser vivre...

Du sable sur mon dos...

Ah ! Que la vie est belle ! Et d'une synchronicité parfaite ! Yvon est enfin sorti de son repaire et il vient me rejoindre sur la plage. Il va se faire bronzer sur la chaise longue que je lui avais quand même réservée, au cas où... Il sourit. Ouf ! Tout se passe bien. Je suis heureux, même si je sais que mon bonheur ne devrait pas dépendre de ses états d'âme. Mais c'est plus fort que moi, j'ai encore besoin d'être entouré de gens heureux pour que je le sois aussi. C'est sûrement dû au fait que je ne m'aime pas encore assez. Eh oui ! consolez-vous, chers lecteurs, je ne suis pas parfait, loin de là. Par contre, je me sens en constant état d'apprentissage, ce qui est déjà une bonne chose.

Quand on a de la peine, c'est que notre énergie émotionnelle est bloquée par notre mental qui ne veut pas lâcher prise et parce qu'on a oublié qu'on était avant tout des êtres de plaisir. Cela démontre aussi de manière incontestable que l'on ne savoure pas pleinement le moment présent, car celui-ci ne peut nous donner que du bonheur.

Dans la réalité, aucun pays n'est dirigé par divers partis politiques. Il n'en existe en effet qu'un seul, celui du pouvoir...

La noirceur contient
les informations que
la Lumière cache
aux chercheurs de vérité.

Chapitre 10
LA FILLE DE L'HÔTEL

Il est 20 heures, et nous sommes au dernier soir de notre voyage. André profite de la plage jusqu'au dernier moment. Allongé sur une chaise longue, il se laisse porter par le bruit des vagues. Nous avons remarqué tout à l'heure qu'elles représentent les battements de cœur de la Terre. Si on les écoute attentivement, on se rend compte qu'elles sont comme un pouls. Elles arrivent en pulsations de ce cœur rempli d'Amour infini qui bat quelque part au centre de la planète. Elles subissent l'influence du vent, bien sûr, mais leurs pulsations sont régulières comme celles d'un cœur. Pourquoi n'y a-t-il personne qui parle de ces choses ?

Laissant André se reposer, je vais me joindre à mon nouveau groupe d'amis. À un moment donné, une jeune femme nous quitte pour aller manger, car elle n'a pas encore pris son repas du soir. Comme elle est inhalothérapeute, je lui demande si je peux l'accompagner afin qu'elle m'explique en quoi consiste son métier. Évidemment, je veux savoir, encore et toujours savoir. La jeune femme accepte volontiers de me renseigner. Elle est venue avec deux amies et toutes trois travaillent à l'hôpital Saint-Sacrement de Québec, aidant les médecins à soigner les patients qui ont des problèmes respiratoires.

Je suis déçu, car je croyais qu'il s'agissait là d'une nouvelle médecine douce. Ces trois femmes sont simplement des sortes d'infirmières spécialisées qui œuvrent dans le système que l'on ose appeler médecine. Ce système où l'on coupe tout ce qui ne va pas, où l'on administre des médicaments souvent bien trop forts pour le mal à soigner. Mais cette médecine ne soigne le mal que très rarement, trop occupée qu'elle est à traiter les symptômes.

Je commence à dévier du sujet lorsqu'on vient nous chercher, l'heure étant venue de nous rendre dans le hall de l'hôtel. Je ne prends qu'une gorgée du merveilleux thé que l'on m'a finalement servi après que j'eus attendu un temps fou pour l'obtenir. Je suis le groupe, en restant un peu en retrait.

Une fois dans le hall, je constate que le troisième membre de ce gentil groupe a l'air d'une agonisante. Elle a vomi pendant des heures et elle tremble de partout. Bref, elle a l'air complètement épuisée. Il faut dire qu'elle a un peu abusé du rhum qu'on lui a servi pendant l'excursion de l'après-midi. Je me sens attiré par cette personne, mais je m'en éloigne pour me mettre à la recherche d'André et du reste du groupe. Je vais à l'extérieur où j'invite les gens à retourner à l'hôtel, car c'est bientôt l'heure du départ. Puis, je me dirige vers la merveilleuse plage où André et moi avons passé de si bons moments. André semble perdu dans les vapeurs du moment présent. Si je n'avais pas été aussi terre à terre, je pense qu'il serait resté là toute la nuit, tellement il est heureux.

De retour à l'hôtel, je revois la jeune fille, qui tremble toujours. L'autobus sera là dans quelques minutes, un autobus dans lequel nous nous ferons secouer pendant une heure trente avant d'arriver à l'aéroport. « Elle ne le supportera pas », me dit la petite voix intérieure qui me poussait vers elle tout à l'heure. « Je sais », lui répondis-je.

N'écoutant que mon cœur, je m'approche des trois femmes. Curieusement, nous ne les avons pratiquement pas vues pendant toute notre semaine de vacances. Nous n'étions pas au même endroit au même moment. Nous nous étions croisés la veille au soir, quand André et moi avons regagné notre chambre pour la nuit. Je ne me souviens même pas d'avoir vu la jeune femme qui est malade aujourd'hui.

Je reviens donc vers ces femmes et je m'informe auprès de celle que j'ai accompagnée à son repas. « Ça ne va pas du tout », me dit-elle.

Je m'assois à côté de la jeune femme mal en point et je lui demande son nom. Par respect pour elle, je dirai qu'elle se nomme Nadine. Sur la défensive, Nadine se sent obligée de me donner des explications. Elle me dit qu'elle est une personne fiable, sage et rangée. Elle a visiblement honte de s'être mise dans cet état. Elle ne pensait pas avoir bu suffisamment pour vivre cela. D'ailleurs, c'était sa première cuite et elle avait 27 ans. Je l'ai crue, la sentant sincère. De toute façon, ce n'est pas ce qui m'intéressait. Je lui ai alors demandé si elle me laisserait l'aider. Sceptique, elle me regarda et cessa de trembler pendant une seconde. Je la rassurai en lui disant que j'avais une sorte de don et que je pensais pouvoir dissiper les effets de la boisson. Elle me répondit que, dans l'état où elle était, il ne pouvait rien lui arriver de pire et alors que je pouvais faire ce que je voulais.

Je la sentais nerveuse mais réceptive. De mon côté, j'étais mal à l'aise de devoir convaincre une femme ivre de me laisser l'aider. Je me demande pourquoi je me retrouve toujours dans des situations comme celle-là. Je sais cependant que c'est mon Esprit qui me pousse à me dépasser. « Imagine le beau cadeau que tu peux lui offrir ! », me dit ce dernier. Comment ne pas être sensible à cela ? Et puis, ça me fait une nouvelle expérience à vivre. Je sais que je peux soigner bien des maux, mais je ne veux pas qu'on me demande de le faire. Il y a trop de gens qui souffrent et ce n'est pas ma fonction de soigner les malades.

Tout en vivant mon processus d'éveil personnel, je prends conscience de mes pouvoirs et je les utilise occasionnellement. Pour cela, j'ai besoin des personnes que la Vie me fournit, comme cette Nadine. Comment pourrais-je ne pas essayer de la guérir ? Je sais que je peux le faire !

Je cesse alors d'être rationnel. Je demande à Nadine de s'asseoir un peu plus droit, car elle est affalée dans un fauteuil, ce qui est normal dans son état. Je place ensuite deux doigts sur son front : le pouce et l'index de ma main gauche. Par l'intermédiaire de ces doigts, j'envoie directement dans ses cerveaux gauche et droit une nouvelle énergie qui a pour but de faire disparaître l'effet du rhum. Cela dure environ deux minutes. Puis, je place ma main droite grande ouverte sur sa nuque tandis que ma main gauche se referme et se place sur son ventre. J'établis ainsi un lien entre son ventre et sa nuque. L'énergie circule bien et je sens que ma « patiente » reprend du poil de la bête. Elle ne tremble déjà plus, elle se renforce à chaque seconde.

Je parle aux cellules de son corps et je les invite à retrouver leur énergie normale, et même un peu plus à cause de l'énergie que je suis moi-même en train de leur fournir. Quelques minutes passent encore et voilà notre

« zombie » qui commence à sourire. Elle revient doucement à la vie. Encore faible, bien faible.

L'autobus arrive. Nous nous levons et nous occupons de nos bagages. Car on nous a demandé de nous assurer qu'ils seraient bien placés dans les voûtes de l'autobus quand celui-ci démarrerait. Nous avons d'abord cru qu'il y avait deux autobus, mais finalement, nous n'en avons pris qu'un seul. Curieusement, André et moi nous sommes retrouvés assis au fond du véhicule. À côté de qui, pensez-vous ?

Je poursuis donc le travail commencé. Pendant une heure et demie, je veille sur cette personne que je connais à peine et je l'aide à s'endormir. Elle dort alors si profondément que je dois garder une main sur sa jambe pour l'empêcher de tomber, son corps étant trop relâché.

Oui, j'ai appris à faire dormir les gens. C'est simple quand on sait y faire. Je me rappelle les fois où j'endormais ma blonde quand on se couchait le soir.

Quel bel amour elle est, ma compagne ! Toujours prête à me laisser expérimenter sur elle mes connaissances nouvellement acquises. Elle est cette indispensable amie dont j'ai si souvent besoin. Elle s'occupe de moi tout en me laissant vivre ma vie. Jamais trop présente, effacée juste ce qu'il faut, mais constamment disponible, remplie à craquer d'un Amour si grand pour moi que je dois y mettre une majuscule.

Pendant que l'autobus file sur la route, je ne cesse de parler à André et de lui expliquer ce que je suis en train de vivre. À un moment donné, je sens mon corps qui déborde d'énergie. Comme ma main gauche est déjà sur la jambe de Nadine, je place la droite sur la cuisse d'André. Puis, je me laisse aller dans l'océan d'Amour universel qui m'enveloppe. Dieu me nourrit, si bien que mon corps se met à vibrer. Je ressens alors le corps de Nadine se régénérer. Et je sens qu'André reçoit aussi cette merveilleuse énergie d'Amour qui le remplit de joie et de bonheur. Pour ma part, je flotte littéralement dedans.

En arrivant à l'aéroport, je réveille Nadine, puis nous sortons du bus. Nadine est guérie, voilà ce qu'André et moi sommes à même de constater. Elle vient de sortir d'un sommeil profond et réparateur qui a augmenté son niveau d'énergie. Elle semble en forme. André et moi passons les douanes, puis nous rejoignons le groupe qui se recompose dans l'immense salle d'attente de l'aérogare. Je vois Nadine en train de boire un jus de pomme. Je la regarde avec satisfaction et je lui demande si elle veut bien que je boive une gorgée de son jus. « Pas question ! Je l'ai payé 4,50 $ » me dit-elle.

Et paf ! Dans la gueule ! Je regarde André qui est aussi surpris que moi par cette réaction. Il est vrai que cette boisson coûte plus du double du prix normal, mais ce n'est pas une raison pour être désagréable avec moi qui viens de travailler pour cette personne !

Un peu frustré, je vais m'acheter une bouteille d'eau que je partage avec mon ami sans lui demander un sou, histoire de me prouver que je ne suis pas un radin. Puis, j'entends encore ma voix intérieure qui se manifeste :

– Tu n'aurais pas des attentes envers cette personne, par hasard ?

– Bien sûr que j'en ai.

– Pourquoi ?

– Bien voyons ! Après ce que je viens de faire pour elle !

– Et qu'as-tu fait pour elle ?

– Mais comment ? Je l'ai soignée, tu le sais.

– Tu l'as soignée, dis-tu, mais n'aurais-tu pas plutôt offert à son corps l'énergie nécessaire pour qu'il se soigne lui-même ?

– C'est pareil !

– Tu trouves ?

– Non ! Je me mens. Je n'ai fait qu'utiliser sa situation pour vivre une expérience de partage énergétique, tu as raison.

– Tu vois ! Tu le savais, et pourtant tu avais des attentes.

– C'est vrai.

– N'as-tu pas ainsi vécu une expérience de bonheur total ? Rappelle-toi, ton corps physique s'est mis à vibrer si fort que tu as voulu partager cet instant avec André. Tu as alors placé ta main droite sur sa cuisse et tu l'as vu se caler dans son fauteuil pour mieux profiter de l'énergie qu'il recevait de ta main. N'est-ce pas ce qui est arrivé ?

– Oui.

– N'était-ce pas bien payé pour l'aide que tu apportais à cette personne ?

– Oui.

– Alors, pourquoi as-tu des attentes vis-à-vis d'elle ?

– Je n'en ai plus. Je sais maintenant qu'elle ne me doit rien, rien du tout. Et je la remercie de me l'avoir lancé au visage. Je l'ai mérité.

– Ne fais pas dans le drame non plus, Yvon.

– Bon ! D'accord. Je suis mélo.

– Es-tu heureux de ce qui vient de se passer ?

À ce moment, je me retourne vers mon ami André qui est en train de taper sur le clavier de son portable les mots que j'avais enregistrés sur la plage. Il me regarde et il comprend aussitôt que je suis en train de communier avec mon Esprit. Je rayonne d'Amour et je resplendis de bonheur. Il n'y a pas une once de colère en moi. André me demande si je veux partager cet instant avec lui en lui racontant ce qui s'est passé. Ma réponse est ce texte que je lui offre maintenant, en même temps que je vous l'offre à vous.

Pour terminer, je voudrais ajouter ceci : j'ai dit à Nadine que l'expérience que nous venions de vivre n'était pas le fruit du hasard. Je le sais, bien que je croie qu'elle se souviendra de très peu de choses parmi celles que je lui ai dites dans l'autobus. Entre deux périodes de sommeil, je lui ai en effet signalé que son Esprit et le mien avaient planifié cette rencontre qui allait changer sa vie. Elle m'a répondu qu'elle le savait. Qu'à partir de ce jour, la jeune femme sage qu'elle avait été jusque-là allait se donner le droit au bonheur. Elle était arrivée à une phase de changement de taux vibratoire. Nous avons tous un taux de vibration qui nous est personnel et que nous ajustons régulièrement à la hausse. Certaines hausses sont plus importantes que d'autres. Nous les créons à partir des événements que nous vivons. Soyez certains que l'Esprit de Nadine savait, en la faisant boire, qu'elle serait malade. Tout comme il savait que je serais là pour l'aider, car c'est lui qui m'a attiré auprès d'elle, comme un aimant. Mon Esprit savait aussi que j'accepterais de le faire. C'est pour cette raison que j'ai rencontré la compagne de cette femme « par hasard » et que je me suis intéressé à son travail. Et c'est encore « par hasard » que cette femme n'avait pas mangé et qu'elle était contente que je l'accompagne.

Ainsi, le « hasard » m'a placé devant une Nadine malade physiquement, et en plein changement de taux vibratoire. C'est pour cette raison que je savais pouvoir la soigner : elle n'était pas vraiment malade, elle était en métamorphose physique.

Nadine et moi avions sûrement un contrat. Voilà l'explication rationnelle que j'ai trouvée pour justifier le cours des événements. Je voulais ainsi vous démontrer une fois de plus ce que peut être le « hasard ».

Y.M.

On peut toujours
aller plus loin car,
au-delà de la lumière
qu'on a cru trouver,
il y a encore
quelque chose de plus
grand à découvrir...

Chapitre 11
LA NAISSANCE D'UN ÊTRE DE CRISTAL

Nous voilà de retour de notre voyage en République Dominicaine, après un séjour rempli de bonheur, mais avec un corps physiquement affaibli. J'aurai encore cette fois plié devant tant de joie et de bonheur vécus en si peu de temps, un temps rempli par les merveilleux moments que j'ai passés en compagnie de mon grand ami, André.

Malheureusement, je suis revenu avec la grippe, et au moment où j'écris ces lignes, j'ai des bouts de papier mouchoir dans les narines pour les empêcher de dégoutter sur moi. Je fais de la fièvre et j'ai peu dormi, si ce n'est tout à l'heure quand je somnolais et qu'André m'a téléphoné. Il voulait me dire combien il était heureux, lui aussi, pendant qu'il barbotait dans l'eau chaude de sa baignoire. Son appel m'a ramené dans notre monde, dans la réalité.

Je rassure mon ami. Non, je ne dormais plus depuis quelques interminables secondes. Je flottais dans le bonheur que m'avait procuré cette vision toute fraîche que je m'empresse de lui raconter :

« J'étais en train de gravir une autre des marches de mon évolution personnelle vers les mondes de la conscience. Tu te rappelles, André, je t'ai déjà parlé de cette étape qui me demandait de gravir une marche située bien au-dessus de mes capacités physiques, une marche bien trop haute pour que je puisse l'atteindre. Tu te souviens aussi de l'énorme sac sur mon dos. Ce sac que je dépose par terre et sur lequel je monte pour atteindre la fameuse marche presque inaccessible. Enfin, j'y arrive.

« Étendu sur la marche, je regarde mon sac, en bas sur le sol. Et je me dis que si je désire continuer sur cette voie, je ne pourrai plus compter sur ce que je sais et sur ce que j'ai acquis durant ma vie, l'ayant laissé en bas. Comme je suis irrésistiblement attiré par l'infini, l'inconnu, j'oublie mon sac et je me lève pour aller à la découverte de la nouvelle conscience que j'ai acquise.

« Il était clair pour moi, à ce moment de ma vie, que je venais de me dépasser en acceptant d'abandonner ce que je pensais être, ce que je voulais être, pour me tourner vers ce que je me sentais aspiré à être, un être nouveau, un homme nouveau. Je suis donc reparti plus léger vers un monde inexploré où m'attendaient plein de connaissances et d'expériences : le monde de la conscience.

« Dans le songe que je viens de faire, j'ai franchi une autre étape. Mais cette fois, j'ai eu besoin de quelqu'un pour y arriver, et ce quelqu'un, c'est toi, André. La marche était tellement haute que le seul moyen de la gravir était de devenir léger. Si léger que quelqu'un puisse me prendre par les pieds et me lever au bout de ses bras. Il me fallait choisir un de mes semblables pour lui donner tout ce que j'avais accumulé de connaissances et d'expériences depuis ma *re-naissance*, après avoir abandonné mon sac. Ce faisant, je devenais transparent, je perdais mes couleurs, et mon corps devenait limpide comme le cristal.

« Comme le processus m'a rendu léger, je pouvais demander à mon compagnon de route temporaire et ami de m'aider en me hissant jusqu'à la prochaine marche. C'est ce que tu as fait, André.

« Quand j'ai regardé en bas, je t'ai vu rempli d'amour et de joie. Tu m'as aidé à passer à un autre niveau de conscience, mon ami. C'est pour cette raison que nous avons tous les deux la grippe. Nos corps physiques sont passés à un nouveau taux vibratoire, et cela provoque souvent des symptômes associés à ceux de la grippe.

« Non, tu ne m'as pas réveillé. Tu m'as éveillé, ce qui n'est pas du tout pareil, et je t'en suis infiniment reconnaissant. Ce voyage a été initiatique pour nous deux. Désormais, tu possèdes tout mon savoir, car je te l'ai légué. Et moi, je suis nu et transparent, plus encore que ce que j'aurais souhaité. Continuons, mon frère, poursuivons chacun notre chemin. Partons chacun de notre côté afin de découvrir les belles choses que cette si merveilleuse Vie nous réserve encore et toujours.

« Je t'aime André. Je t'ai choisi pour m'aider à avancer, et tu l'as fait sans même hésiter à perdre un ami. Je dis perdre un ami, car tu sais bien qu'une fois installé sur mon nouveau palier, je te regarderai un instant et je me retournerai ensuite vers l'infini pour y faire de nouvelles expériences de vie. Nul ne peut demeurer longtemps sur la même marche à regarder défiler son passé. L'avenir, tu le sais bien, est trop attirant. En m'aidant comme tu l'as fait, tu savais que tu perdrais un ami, un frère, et seul un être de ton niveau d'évolution pouvait accomplir un geste qui demande un tel détachement.

« Oui, André, tu te détaches toi aussi, car tu dois te préparer à ton tour afin que, le moment venu, tu puisses franchir une nouvelle marche dans ton évolution personnelle, celle qui mène à la transparence de l'être. Alors, tu trouveras toi aussi quelqu'un à qui tu pourras offrir tes expériences de vie, ton bagage. De sorte qu'il pourra te soulever et te hisser plus haut, sur le nouveau palier de ton chemin de vie, comme tu viens de le faire pour moi.

« Au cours des prochains mois, je reviendrai régulièrement sur ce palier afin de discuter avec toi. Je sais que j'en ai le droit. Le cours de nos vies fera en sorte que nous nous verrons d'abord beaucoup, puis très peu. Ainsi nous pourrons évoluer et expérimenter chacun à notre rythme, chacun à notre façon. Je te donnerai le maximum de ce que je pourrai t'offrir.

« Je sais maintenant qu'il ne faut pas se fixer d'objectif quant à l'acquisition de la connaissance, puisque les êtres ne peuvent prendre que ce qu'ils comprennent. Je sais aussi que je ne peux te parler que de ce qui t'intéresse. Nos Esprits dialoguent constamment entre eux, et je suis maintenant en communion permanente avec l'Esprit qui m'habite.

« Alors, pendant un temps, pendant le temps qui sera nécessaire, je serai là quand tu auras besoin de moi et quand j'aurai moi-même besoin de toi. Car je peux m'ennuyer de ce bel être d'Amour que tu es. Nous pourrons encore nous retrouver pendant un certain temps, comme deux frères, au cours de notre évolution personnelle. »

« Merci, André ! Merci, mon frère. »

Y.M.

Après avoir lu ce texte que m'a transmis Yvon, j'ai senti monter en moi une grande nostalgie.

Je venais tout juste de rencontrer et d'apprivoiser un ami, pourquoi fallait-il que je pense déjà à le quitter ? Moi qui étais en transition entre le monde émotionnel et celui de l'Esprit, je croyais bien en avoir fini avec la souffrance et la séparation d'avec ceux que j'aimais. Si c'est ça, l'élévation de conscience, on ne m'y reprendra pas, je vous le jure ! Cela n'a aucun sens. J'avais beau comprendre que nos deux Esprits devaient s'entraider, et qu'ils avaient besoin l'un de l'autre pour s'élever, pourquoi cela devait-il se solder par une séparation ? Je laissai mijoter ces questions durant quelques heures puis, comme d'habitude, les réponses ont commencé à monter une à une à ma conscience…

La route que je suivais depuis quelque temps en était une de solitude ; ça, je le savais pertinemment. Mais ce n'en était pas une de souffrance, parce que je devais expérimenter d'abord le détachement. J'ai reçu le texte d'Yvon comme une lettre de divorce, tellement cela m'a perturbé émotivement. J'ai le don de tout exagérer quand je suis dans cet état. J'ai vite compris cependant que ce qu'Yvon voulait me signifier, c'est que nous ne devions pas nous attacher l'un à l'autre, car cela pouvait nuire à notre évolution personnelle. Quoique naviguant sur la même mer, notre vitesse de croisière était différente. C'est ce qui expliquait cette mise en garde.

Si Yvon devait s'élever rapidement, il ne pouvait ni ne voulait me traîner dans ses bagages. Et moi, de mon côté, je devais évoluer à mon propre rythme, en restant moi-même et en gardant mon intégrité, ma personnalité. C'est ainsi que se bâtissent les véritables relations de maître à maître, dans le détachement et dans l'amour, un amour dénué de toute attente.

Durant les dernières semaines, Yvon m'a démontré que je possédais moi aussi deux ailes, comme un ange, je suppose – j'aime bien la comparaison. L'une d'elles, toute blanche, est constituée de mes plus grandes qualités ; l'autre aile, qui est noire, a été élaborée à partir de mes plus exécrables défauts. D'aussi loin que je me souvienne, je ne connaissais de moi qu'une aile, la blanche évidemment. Et c'est elle que je déployais fièrement devant mes proches et devant les gens qui assistaient à mes conférences, dans le but secret de me faire aimer. Puis, de fil en aiguille, j'ai appris à reconnaître mon aile plus sombre, à prendre progressivement contact avec elle, à l'accepter, à lui redonner vie et à m'en servir. Je lui enseignerai à battre au même rythme que sa voisine, de façon à voler plus vite, plus haut, et en ligne droite cette fois !

Voici donc la note que j'ai envoyée à mon ami en réaction à son texte :

« Cher Yvon, tu m'as fait prendre conscience de mes ailes, puis tu m'as enseigné à les utiliser toutes les deux. Même – et surtout – mon aile noire, qui dérange plus qu'elle ne plaît. Je ne suis donc plus immobile et stagnant comme avant. À cause de l'élévation de ma conscience, je deviens de plus en plus léger et autonome. Et, aujourd'hui, je peux enfin voler de mes propres ailes.

« Si je t'ai aidé à t'élever, j'en suis ravi, mais sois assuré que tu ne te débarrasseras pas de moi aussi facilement. Car moi aussi, je vais voler de plus en plus haut jour après jour. Et ce sera pour aller te rejoindre là où tu seras, jamais pour te ralentir ni devenir un boulet pour toi. Tu n'as rien à craindre à ce sujet. Je pourrai te redonner une erre d'aller quand tu en auras besoin, en te montrant ce que je serai devenu, un peu grâce à toi.

« Durant ces derniers mois, nos Esprits nous ont concocté un scénario de vie digne des meilleurs films de Steven Spielberg. Aussi, je me fie entièrement à eux pour qu'ils continuent à assurer la mise en scène mirobolante de ce scénario et qu'ils nous mettent sur la route l'un de l'autre quand, où et comment ils le voudront.

« Que la Vie se poursuive comme elle en aura décidé ! Je ne suis pas du genre à rebrousser chemin. À moi maintenant de déployer suffisamment mes ailes pour qu'elles puissent m'élever dans la joie, la simplicité, l'humour et l'amour. Et j'espère que notre amitié hors du commun nous nourrira encore longtemps. »

À vous aussi, amis lecteurs, je souhaite de rencontrer un tel maître et de devenir un maître pour lui... Souvenez-vous : quand le maître est prêt, le maître apparaît ! Ouvrez grands vos yeux, ce maître est peut-être beaucoup plus près de vous que vous ne le croyez...

A.H

Deuxième partie

TEXTES, HISTOIRES et RÉFLEXIONS...

Chapitre 1
L'ÉVEIL DE LA CONSCIENCE

L'homme doit parfois dormir pendant un certain temps pour pouvoir ensuite ressentir le besoin urgent de se réveiller. N'est-ce pas d'ailleurs ce que nous faisons tous à un moment ou l'autre de notre vie ? Dormir sa vie signifie la laisser passer dans l'inconscience, la subir, s'enliser dans des *patterns* préétablis, obéir à des lois édictées par les autres, gouvernements ou religions, emprunter docilement les routes de la morale. Toutes ces voies, il faut les suivre sous peine d'emprisonnement, ou pire, de damnation éternelle.

Le mouton-dormeur est un être limité qui possède une vision très étroite des choses. Avec les années, et après avoir reçu moult leçons d'humilité, il s'est convaincu qu'il était en état chronique d'infériorité. Il a alors accepté d'emblée de porter des œillères, des œillères qu'il n'ose jamais enlever, de peur de recevoir des menaces ou de sévères réprimandes. Ne met-on pas des œillères aux chevaux pour qu'ils aillent dans la direction voulue, pour qu'ils se concentrent sur la route, devant eux, et ne soient pas tentés de tourner à droite ou à gauche de leur propre chef ? Et n'est-ce pas ce que l'on fait avec nous depuis des années ?

J'avoue avoir agi longtemps comme un mouton endormi, en me pliant docilement aux règles établies. N'en connaissant pas d'autres, je m'y soumettais sans broncher. Puis, à l'aube de mes trente ans, un être est venu m'éveiller. Grâce à ses enseignements, j'ai repris confiance en mes possibilités, de sorte que j'ai pu enlever mes œillères et élargir mon champ de vision.

Toutefois, après un certain temps, l'immensité du territoire qui s'ouvrait à moi a commencé à me faire peur. Si bien que mes vieux préjugés judéo-chrétiens ont refait surface et m'ont rappelé à l'ordre, comme du temps où j'étais séminariste. Ils me disaient de faire attention aux semeurs de rêves, pour ne pas être déçu. À l'époque, on m'avait aussi mis en garde contre la venue éventuelle de faux prophètes qui pourraient m'entraîner inexorablement vers des terres où je pourrais facilement me perdre. Alors, lorsque mes peurs revenaient, je remettais mes œillères et je me dépêchais de rentrer au bercail, comme un cheval docile. Je retrouvais ainsi mon ancien champ de vision, celui où la sécurité, cette fidèle compagne, était omniprésente.

Durant les vingt années qui ont suivi, j'ai mis et enlevé mes œillères à volonté, au gré de mes besoins de sécurité ou d'aventure. À la fin de mon dernier cycle d'apprentissage, à quarante-neuf ans exactement – sept fois sept ans –, j'ai rencontré un autre éveilleur de conscience. Ce dernier m'a enseigné que les œillères ne me seraient pas nécessaires dans ma nouvelle vie d'adulte. L'amour que cet être dégageait m'a permis, une fois de plus, d'élargir encore mon champ de vision. Le spectacle était merveilleux mais en même temps terrifiant. Cette trop grande liberté me faisait peur ! Jamais je n'aurais pu croire être un jour effrayé d'être trop libre ? C'était un non-sens, en même temps qu'une déroutante réalité !

Plus on s'éveille, plus on s'ouvre à ce que la vie veut nous offrir sur un plateau d'argent. Le plaisir qu'on avait tendance à repousser, de peur d'être trop heureux, devient alors chose courante. Jusqu'au jour où on accepte que les bonnes choses de l'existence sont gratuites, qu'on n'a pas besoin de devoir en payer le prix. Peu à peu, on élimine toute notion de culpabilité liée au fait d'être « trop » heureux. N'est-ce pas merveilleux ? Aussitôt que l'on accepte d'élargir notre vision des choses, on voit se manifester l'éveil du dormeur. Le maître est prêt ? Le maître apparaît !

L'éveilleur de conscience qui se présentera à nous nous montrera une facette de l'avenir qui sera le nôtre si nous décidons de continuer dans cette voie. Parfois, il nous poussera sur le seuil d'une porte de notre futur, mais jamais sans notre consentement. Car, il faut bien le dire, ce maître sera très respectueux.

L'éveil de la conscience est un processus divin et tout à fait naturel, donc il peut et doit s'opérer. Au moment où j'écris ces lignes, j'en suis rendu à cette étape de ma vie où préjugés, culpabilité et règles doivent être révisés. Je dis bien « révisés » et non « bouleversés ».

Nous sommes un royaume dont notre Esprit est le seul et unique roi. Chaque être vit un éveil différent des autres, et les portes qui lui sont ouvertes le sont pour lui, personnellement. Quand le moment est venu, nous rencontrons toujours un maître. Il s'agit d'un de ces anges qui évoluent à un niveau supérieur au nôtre, mais qui ont besoin de nous pour prendre racine dans la matière. Si nous le désirons et si nous acceptons d'affronter l'inconnu, cet ange va nous montrer quel est notre avenir. Il va nous ouvrir les portes du futur et nous inviter à les franchir avec ou sans lui, quand nous serons prêts. Ce processus est irréversible : on ne peut jamais revenir en arrière. Mais il faut dire que le véritable maître ne nous poussera jamais dans ces portes contre notre gré. Il nous y invitera toujours avec amour, seulement avec amour.

Laissez, vous aussi, venir à vous votre éveilleur de conscience. Et lorsqu'il se présentera, accueillez-le comme un ami, un guide, un ange de passage, un être qui veut vous faire franchir un pas… sage !

A.H.

Ils nous ont
tellement
fait rêver,
que nous nous
sommes endormis . . .

Chapitre 2
LE GRAND PLAN

Le plan divin dont je veux vous parler a été mis au point il y a des dizaines de millénaires. Son élaboration s'est faite très loin de la Terre et elle concerne un nombre incalculable de mondes, de dimensions et d'espèces. Ce plan a été tracé entre la lumière et les ténèbres, entre Dieu lui-même et ses deux plus grands anges, Lucifer et Gabriel, tels que les appelle la religion catholique.

Il fut donc une époque où l'on décida, au paradis bien sûr, de fusionner le blanc et le noir, le bien et le mal, le haut et le bas ; d'unifier ces parties en un nouvel être, qui serait le plus complet de la création, soit l'*Hu-Main*, un mot qui signifie Dieu-Homme.

Déjà, à cette époque, le grand Univers existait. Il avait été séparé en sept parties, dont trois allaient servir à la construction de ce plan divin. La première partie à être définie fut *l'univers spirite*. Il s'agit d'un univers composé de purs Esprits. Tout, dans cet univers, est projection de pensées et créations fabuleuses, d'êtres hautement évolués. On y retrouve des planètes d'une incroyable beauté, mais il serait impossible d'y faire atterrir l'un de nos vaisseaux terrestres, puisque tout, dans cet univers, est hologramme. On ne peut y pénétrer que par la pensée et le rêve. La matière y est tellement subtile que, même si on peut la voir, elle demeure sans densité. L'univers spirite est habité seulement par des Esprits et par des âmes qui s'habituent à vivre ensemble dans ces mondes artificiels. Tout y est effectivement artificiel, à la manière des mirages. Ce sont leurs premières « histoires de vie ».

La deuxième partie est *l'univers techno*, un univers très matériel et très dense. La matière y est compactée dans un espace rempli de galaxies, elles-mêmes constituées de nombreuses planètes. On y crée des machines dans lesquelles s'incarnent les âmes et les Esprits issus de la Source. La vie y est rude mais simple. On ne fait qu'y expérimenter un corps physique séparé du « tout ». Les machines qu'on y voit vont des plus simples aux androïdes les plus sophistiqués. Toutes ont en commun une âme et un Esprit qui aspirent à évoluer vers Dieu.

La loi de l'Univers, on le sait, veut que tout ce qui provient d'en haut descende automatiquement vers le bas, pour remonter ensuite vers le haut, créant ainsi le mouvement perpétuel de la vie. Nous comprendrons alors que ces âmes et ces Esprits cherchent instinctivement à pénétrer la matière afin de la rendre vivante. Ce qui est la plus pure expression de la Source s'exprimant en toutes choses. Voilà le but du plan divin : exprimer la pureté de la Source en un « tout ».

Entre les créations purement spirituelles et celles purement mécaniques, un autre univers a été inséré, gigantesque celui-là : *l'univers biologique*. Vous devinerez facilement qu'il s'agit de notre univers. La particularité de celui-ci est que les Esprits et les âmes peuvent s'y incarner dans des créatures vivantes, dans une unité biologique ; par exemple, dans un corps de chair avec sa nature animale. On peut voir se dessiner ici un paradoxe des plus intéressants. La nature animale de notre corps provoque des pulsions négatives tandis que la nature spirituelle de notre Esprit nous pousse vers l'élévation. En d'autres mots, nous cherchons à remonter vers le ciel dans un corps qui, lui, cherche à satisfaire sa nature animale (ses pulsions).

Et l'on sait bien que l'animal ne cherche qu'à satisfaire ses cinq besoins essentiels : manger, dormir, jouer, se sauver – car il a souvent peur – et, bien sûr, procréer. C'est tout ce qu'il souhaite et qu'il souhaitera jamais, car c'est sa nature. Notre Esprit, quant à lui, veut retourner vers le « tout », vers son ciel, son paradis. Ce paradoxe illustre parfaitement l'expérience que vit notre âme. Parce que c'est elle qui supporte toute notre évolution sur le plan énergétique, puisque toute l'énergie qui existe vient d'elle. Notre âme est en effet un morceau du TOUT qui vit avec nous, dans notre corps et avec notre Esprit. N'est-ce pas là la trinité ?

Voilà donc les trois parties du Grand Univers que je connais actuellement. Et nous sommes au centre de ces parties. Y a-t-il un parallèle entre les univers *techno, biologique et spirite*, d'une part, et l'âme, le corps et l'Esprit, d'autre part ? J'avoue humblement ne pas pouvoir répondre à cette question, mais je suis cependant persuadé que rien n'existe pour rien. Cela me permet de comprendre le Grand Plan et de vous le faire connaître. Selon ce plan, le TOUT évolue vers l'infiniment petit, et l'infiniment petit vers le TOUT.

Supposons maintenant que l'on essaie de décomposer le TOUT. On devra d'abord le diviser en grandes parties ; disons le Grand Univers et ses sept portions. Ensuite, on divisera chacune de ces parties en plusieurs autres, et ainsi de suite jusqu'à ce qu'on arrive à l'infiniment petit. Vous comprenez ?

Nous, les humains, sommes infiniment petits par rapport à notre planète. Et celle-ci est à son tour infiniment petite par rapport à notre galaxie. Notre galaxie est également petite par rapport au système solaire. Et on peut continuer ainsi jusqu'à l'infini.

Je peux comprendre que nous sommes infiniment petits, et que nous sommes divisibles en plusieurs autres parties, encore plus minuscules, car il en est toujours ainsi. Peu importe ce que nos scientifiques découvriront, les organismes seront toujours divisibles en plusieurs parties, et celles-ci le seront aussi. C'est le mystère du microcosme dans le macrocosme.

Pour évoluer du haut vers le bas, il faut que le bas puisse être imprégné par le haut. L'espace doit être suffisant pour qu'une partie du haut puisse y pénétrer, comme le ferait un virus, afin d'y répandre son essence. Et aussi pour que celle-ci, par transfert, entraîne les parties touchées à chercher d'où leur vient l'énergie qu'elles reçoivent. Pour l'être qui évolue du bas vers le haut, cette recherche se transforme en une quête évolutive qui donne lieu à de nombreuses prises de conscience.

Tout cela est bien, et connu depuis une éternité, mais le TOUT voulait plus, encore et toujours plus. On a donc imaginé que tous les mondes ainsi que leurs créations seraient autonomes. Que chacune posséderait un corps, même holographique, une âme et un Esprit évoluant entre le haut et le bas, le bien et le mal, le positif et le négatif. Quiconque connaît les principes de base de l'électricité sait que c'est grâce à l'énergie négative que le mouvement se crée, l'énergie positive se contentant d'être.

Il fallait donc un plan d'une grandeur infinie pour amener des êtres infinis à passer de l'infini au fini ; le fini étant ce qui a été essayé, expérimenté et compris, et l'infini représentant l'ensemble des expérimentations possibles. Ainsi, nous ne saurons jamais qui nous sommes, mais nous saurons qui nous ne sommes pas.

Ce grand plan se joue autour de nous aujourd'hui. Chacun de nous est directement concerné par ce plan, comme les acteurs d'une pièce de théâtre dont ils seraient aussi les auteurs et les metteurs en scène. Nous passons de la conscience à l'inconscience en jouant avec les formes, les âges et les dimensions. Nous créons ainsi toujours plus de nouveaux mondes et de nouvelles réalités. Nous nous empressons de les découvrir, comme l'enfant qui a hâte de déballer un cadeau et nous nous incarnons sous les formes qui sont disponibles.

Nous sommes et nous serons toujours de *l'énergie créatrice divine*, peu importe ce qui arrive ou ce qui arrivera. C'est notre essence, notre nature. Nous venons de la Source, de Dieu, ou peu importe le nom qu'on donne à cette entité. Nous allons de plus en plus à l'intérieur de nous-mêmes, là où se trouve l'Univers infini créé par Dieu pour nous. Comme nous sommes tous des parcelles de Dieu, nous ne pouvons faire autrement qu'être Lui, à la recherche de Lui. Par conséquent, nous ne pouvons que vivre à l'intérieur de Lui, puisqu'il est le TOUT et que rien n'existe à part le TOUT d'où nous venons, la Source de toute Vie.

Y.M.

* * *

Dans le texte qui précède, Yvon nous parle de sa conception du plan divin.

Ce qu'il nous démontre ainsi, c'est que le négatif et le positif sont et seront toujours essentiels à l'évolution de l'univers. Car le mal est nécessaire, ce que j'ai ignoré pendant longtemps en essayant de développer uniquement mon côté lumineux et en exorcisant mes ténèbres intérieures.

Prenons l'exemple d'une batterie d'automobile. Vous comprendrez aisément qu'à elle seule, la borne positive ne peut faire démarrer le véhicule, pas plus que la borne négative. Prise individuellement, leur force est nulle. C'est la connexion des deux pôles qui crée et maintient l'énergie nécessaire à la vie, ce qui permet l'évolution de tout ce qui se retrouve entre les deux. C'est pourquoi il est si important de s'accepter tel que l'on est, avec ses qualités et ses défauts. Notre seule préoccupation devrait être de découvrir ce qu'ils peuvent nous amener ou nous obliger à développer, à transcender dans notre vie.

Selon moi, je suis un homme particulièrement positif, d'une nature aimable, et je dirais même, sans trop me vanter, plutôt équilibré. Pourtant, j'avoue que pendant des années, je me suis laissé aller à croire que j'appartenais uniquement à la grande famille de Lumière. Le négatif, je laissais ça aux autres, quoique je le voyais parfois en moi, sans oser le montrer à qui que ce soit. « Si les gens s'aperçoivent que j'ai tel ou tel défaut, me disais-je intérieurement, que penseront-ils de moi ? Vont-ils cesser de m'aimer si je ne représente plus leur idéal ? » Quel lourd poids à porter pour les frêles épaules d'un petit garçon en manque d'amour de soi !

J'aimais évidemment la lumière que je dégageais et je la distribuais allégrement autour de moi. Ce n'est qu'après avoir rencontré Yvon que j'ai compris que, pour évoluer, je devais également développer mon côté plus sombre, mon aile « noire », comme il se plaît à me dire avec un sourire narquois au coin des lèvres ; une aile qui s'était atrophiée avec les années, du fait que je l'avais empêchée de battre.

J'aime bien cette image des deux ailes de l'ange, l'une blanche et l'autre noire. Pour se mouvoir rapidement et en ligne droite, l'ange a besoin que les deux ailes battent en même temps. S'il n'utilise que la blanche, la positive – ce que j'ai toujours eu tendance à faire –, il tourne en rond dans sa propre Lumière. Il reste là à chanter béatement des *alléluias* et à contempler sa grandeur et sa vérité. C'est mieux que rien, me direz-vous, mais vous admettrez que cet ange tourne quand même en rond. Et, s'il utilise uniquement son aile noire, il sera pris dans le même genre de ronde, mais dans l'autre sens. Il pataugera dans la partie opaque de son être et s'apitoiera sur lui-même. De sorte qu'il s'enlisera de plus en plus dans le dégoût de lui-même. Il se sentira impuissant, incapable de changer les choses, ce qui le mènera probablement vers la maladie, la dépression ou le suicide.

Le secret de l'équilibre, du bonheur et de l'évolution réside donc dans notre capacité d'accepter nos qualités et nos défauts, nos côtés positif et négatif, notre lumière et notre ombre, et de les utiliser de façon adéquate. D'un côté comme de l'autre, les excès sont toujours à déconseiller.

Si la lumière prédomine en nous au détriment de l'ombre, nous deviendrons de merveilleuses cibles pour les profiteurs à l'aile noire bien agile. Ces derniers se serviront de notre propension à tout donner, à nous laisser manipuler au nom de l'amour et de la vérité pour, subtilement, nous écraser petit à petit. Par contre, si c'est l'ombre qui prend toute la place, nos yeux perdront vite leur éclat ; vous savez, cette petite étincelle de vie qui nous inspire et nous donne constamment le goût d'avancer, d'évoluer.

Depuis que je permets à mon aile noire de battre plus librement, ma vie s'est complètement transformée. J'ai perdu plus de dix kilos et mon dos, qui était courbé sous le poids des responsabilités et à cause de mon attitude de bon gars qui dit toujours oui, est en train de se redresser. Mon regard qui suintait dans la monotonie est devenu plus perçant face au travail à accomplir. J'apprends de plus en plus à dire non sans fermer mon cœur pour autant. Et je ne m'écrase plus devant les autres, juste pour éviter qu'ils cessent de m'aimer. Ça vous dit quelque chose, à vous aussi ?

Je ne souscris pas aveuglément, comme je l'aurais fait auparavant, à la thèse des univers *spirite, techno* et *biologique* dont nous parle Yvon. Il s'agit pour moi de concepts que je garde en réserve dans ma poche de réserves de croyances, au cas où... Je n'y adhère pas entièrement, mais je ne les rejette pas non plus. Si on ferme la porte sur une croyance, si on la rejette trop rapidement, on risque de passer à côté de quelque chose d'important : une parcelle de sagesse qui peut se cacher dans un recoin de cette croyance ; une parcelle que l'on découvrira peut-être plus tard, quand notre Esprit nous jugera apte à la recevoir. Si, alors que j'étais complètement absorbé dans mes croyances judéo-chrétiennes, j'avais fermé à tout jamais mon Esprit à la théorie de la réincarnation, que je qualifiais à l'époque de délire ésotérique, je ne jouirais sûrement pas aujourd'hui du bonheur auquel cette porte m'a donné accès quand j'ai été prêt à en franchir le seuil.

Soyez assurés que chacun d'entre vous fait partie du Grand Plan divin. Et que, grâce à vos qualités et à vos défauts – ces aspects inhérents à votre partie divine – vous cheminerez dans la confiance et l'abandon. Cela s'effectuera en sens contraire de votre incarnation, soit du bas vers le haut, de l'animal vers le divin, mais ce cheminement se fera de façon tout à fait consciente.

A.H.

Apprendre,
comprendre et passer à
autre chose.
Voilà les trois étapes
incontournables de la vie.

Chapitre 3
LES DOUZE CHAKRAS

Pour mieux cerner le processus qui aboutit à une incarnation humaine, il est important de comprendre comment l'énergie divine réussit à habiter en nous. Il est maintenant reconnu que notre corps possède sept centres énergétiques, communément appelés chakras, et qui sont situés en différents endroits de notre corps physique :

1. Sous le tronc, entre les parties génitales et l'anus, se retrouve le chakra racine, dont l'énergie est de couleur rouge.

2. À deux doigts sous le nombril, on retrouve le chakra sexuel, qui est de couleur orange.

3. À l'endroit où se joignent les côtes se situe le plexus solaire, de couleur jaune. Ce chakra nous sert d'antenne cosmique. C'est par lui que nous recevons les informations dites extraterrestres, nos communications avec l'univers et avec les autres dimensions.

4. En plein centre de la poitrine, au niveau du cœur, est situé le chakra du cœur, qui est de couleur verte.

5. Dans le creux de la gorge est localisé le chakra de l'expression, qui est d'un beau bleu.

6. Entre les sourcils se trouve le chakra de la vision (le troisième œil), de couleur indigo.

7. Sur le dessus de la tête prend place le chakra coronal, de couleur violette.

Ces informations sont probablement connues d'une multitude de personnes, donc rien de nouveau là-dedans. Mais un jour, au cours d'une méditation, j'ai appris un peu plus là-dessus, particulièrement en ce qui a trait à la formation du corps physique. Car, l'existence des chakras ne pouvait expliquer à elle seule le processus de l'incarnation. C'est en discutant avec Paul-Émile, un de mes amis qui s'adonne, lui aussi, à la méditation profonde, que les réponses sont apparues dans ma tête. Je lui ai donc fait part de ce que j'avais appris concernant cinq autres chakras...

8. À un mètre au-dessus de la tête, le chakra mental, de couleur cuivrée, sert de connexion avec nos corps subtils.

9. Situé plusieurs centaines de mètres plus haut, on retrouve le chakra multidimensionnel, le causal, qui est de couleur or.

10. Le chakra cosmique, de couleur argentée, est en orbite autour de la planète, et au même niveau que les satellites.

11. Dans le soleil, le chakra galactique brille comme un diamant.

12. Dans l'île Paradisiaque, au centre de l'univers physique, trône le chakra de l'être, qui est de pur cristal. C'est celui qui nous permet d'exister en dehors du « tout ». On m'a dit que ce chakra était comparable à un grain de

sable sur une plage immense, la plage étant Dieu et le grain, nous-même. Joli, n'est-ce pas ?

Paul-Émile ne semblait pas d'accord avec moi. Il m'a demandé si je pouvais trouver des explications pour corroborer mes affirmations. Selon lui, cela ne semblait pas fonctionner, à cause des éléments suivants :

Les chakras 1, 2 et 3 sont un mélange de couleurs. Le rouge et jaune donnent en effet l'orange ; et les chakras 3, 4 et 5 sont respectivement jaune, vert et bleu. Si on mélange du jaune et du bleu, on obtient du vert. Il en est ainsi pour les chakras 5, 6 et 7, où le mélange du bleu et du violet donne de l'indigo.

Cela fonctionne bien avec les chakras 7, 8 et 9, mais, après cela, ça s'arrête. Le mélange du violet et de l'or donne la couleur cuivre, mais après, rien ne va plus !

Je suis demeuré bouche bée pendant de longues minutes. J'étais pourtant certain de mes informations. Alors, il devait bien y avoir une autre explication.

Tout à coup, je m'écrie : « Mental que vous êtes ! »

Voilà donc l'explication telle que vue par l'Esprit, et non par les yeux d'un humain, du processus d'incarnation qui se fait à partir du haut vers le bas, du ciel vers les hommes :

- Au paradis, nous sommes parfaits. Nous n'avons aucune couleur, car nous faisons partie du TOUT. Lorsque nous signalons au TOUT notre volonté de nous séparer, nous devenons cristal. Le cristal n'a pas de couleur, mais il a la capacité de les refléter toutes. Telle est la première étape à franchir pour qu'une énergie divine créatrice entreprenne sa descente du ciel vers le monde de la matière.

- Ensuite, nous passons au cristal au diamant qui, à partir du blanc, reflète toutes les couleurs en décomposant la Lumière. Puisque nous sommes énergie pure, nous sommes d'abord le reflet d'un être, et le blanc contient toutes les couleurs.

- Après, nous pouvons descendre jusqu'à la couleur argent, qui est la plus proche du blanc pur sur le plan du taux vibratoire, car c'est une transition cosmique

- Le chakra or marque le début de la prise de couleur. C'est à partir de ce point que nous allons nous ancrer vers le bas, d'où la grande attirance du monde pour l'or. C'est pourquoi ce point est situé si près de la tête. Il ne reste qu'à ajouter les sept couleurs connues.

Les scientifiques vous confirmeront que, sur la bande des fréquences (spectre), les couleurs sont placées dans cet ordre, le rouge étant la couleur de la plus basse fréquence vibratoire. Prenez un logiciel informatique de dessin, tel le *Corel Draw*, et faites-y apparaître les couleurs. Vous verrez que l'ordre est le même. Il faut comprendre qu'un écran cathodique utilise de l'énergie traitée pour nous donner une image, de la même façon que de l'énergie traitée différemment peut donner un humain.

Nous connaissons maintenant le processus qu'utilise l'énergie pour descendre vers la Terre, puis pour remonter, tel un arbre, après l'incarnation.

Y.M.

* * *

Les êtres tels qu'Yvon et son ami Paul-Émile me fascinent. Ils semblent avoir tant de facilité à se connecter à leur Esprit ! On dirait des téléviseurs branchés en permanence sur l'Émetteur en chef au moyen d'un câble ou une antenne parabolique. Pour eux, il n'y a qu'à ouvrir le poste, et hop ! images, voix et intuitions profondes apparaissent comme par magie sur l'écran de leur conscience. Magnifique, n'est-ce pas ? Je suis jaloux (coup d'aile noire…) !

Durant des années, j'ai fait des pieds et des mains pour pouvoir établir cette connexion directe avec mon Esprit et recevoir ce genre d'informations cosmiques. J'ai médité selon la méthode enseignée, les jambes en lotus et le dos bien droit, tout ça pour réussir… à m'écœurer après des heures de tentatives infructueuses. Heureusement que j'ai ensuite eu l'idée de simplifier tout ça. Ce que j'ai compris à l'usage, c'est que, au cours de mes prochaines introspections, je devais chercher à établir un contact direct et intuitif avec mon Esprit, mon vieux sage intérieur.

C'est durant cette époque de remise en question que j'ai baptisé cet Esprit Frédéric, pour que se créent entre nous une complicité et une intimité propices à la confidence ; car il est vraiment un confident pour moi. Depuis lors, cette façon que j'ai trouvée pour prendre rendez-vous avec moi-même m'a permis de me rendre compte que les humains sont tous foncièrement différents les uns des autres et que chacun possède des aptitudes qui lui sont propres.

Certains êtres qui se sont incarnés à un niveau de conscience supérieur – nous en reparlerons plus tard –, qui sont donc plus près de leur Esprit, ont choisi ce niveau bien avant de venir au monde, lorsqu'ils ont établi leur plan de vie. Ils ont préféré ne pas descendre trop bas dans la matière pour pouvoir garder un lien direct avec Dieu et Sa connaissance. Il est donc normal que ces êtres de grande sagesse aient accès à des informations que je qualifierais de « privilégiées » ; qu'ils soient naturellement portés à utiliser un langage difficilement compréhensible pour les gens de niveau inférieur – le terme « inférieur » étant utilisé ici dans le sens de « différent », non dans celui de moindre ou de subalterne.

La description que donne Yvon des chakras, surtout en ce qui concerne les tout derniers, est un exemple parfait du genre d'information que peuvent recueillir ces voyageurs de l'Esprit dans l'espace-temps auquel ils ont facilement accès. Il faut donc accepter humblement, et surtout sans se créer de complexe d'infériorité, que seule une minorité de chercheurs de vérité peut accéder à des informations inaccessibles à la plupart d'entre nous... Mais ce n'est pas parce qu'une personne n'est pas clairvoyante qu'elle ne peut pas voir clair pour autant...

Pendant de nombreuses années, j'ai tenté vainement d'avoir un accès direct aux Annales akashiques ou à la Bibliothèque universelle où se retrouverait, dit-on, toute la connaissance. J'ai alors dû me rendre à l'évidence : je n'avais pas les aptitudes nécessaires pour voler à cette altitude et me rendre au cœur de ces sphères mystérieuses dont, jusqu'alors, j'avais seulement entendu parler. Je comprends maintenant que je me suis incarné à un niveau de conscience beaucoup plus proche de la matière que de ma Source.

En acceptant ainsi de s'ancrer profondément dans le monde physique, mon Esprit a accepté courageusement de débrancher l'antenne parabolique et le câble qui le rattachaient au futur André qui allait voir le jour. C'était le prix à payer pour ce genre d'aventure et il l'a assumé. Il s'est sûrement dit : « Tant pis si je perds mon contact direct avec lui. Je descends quand même. On verra bien si ma force divine réussira à me faire remonter vers moi. » Quel défi je me suis alors donné ! Et quel courage cela m'a pris pour accepter de descendre si profondément dans la matière, de m'emprisonner dans le lourd scaphandre que représentait mon enveloppe physique... Mais je vous reparlerai de cela plus en détail dans la troisième partie de cet ouvrage.

Je constate aujourd'hui, à ma plus grande joie, que depuis quelques années, la remontée s'est amorcée. Je le sens, car je suis de plus en plus heureux. Je peux également établir plus facilement le contact avec mon vieux sage intérieur, ce Frédéric d'amour qui m'a si longtemps et si patiemment attendu, et qui espère sûrement que notre prochaine étape consistera à fusionner. Pendant qu'Yvon médite et parcourt la galaxie dans ses moindres recoins à la recherche de la connaissance, moi, je me contente de sonder mon intérieur en tentant de comprendre un peu mieux qui *je suis*. En acceptant d'être André Harvey et non Yvon Mercier, j'ai cessé d'envier Yvon. Et j'ai cessé de le mettre sur un piédestal à cause des facultés médiumniques qu'il possède naturellement et que j'ai tellement cherché à développer.

Au lieu de me rabaisser, je me suis contenté d'aimer cet être, de l'aimer pour ce qu'il était et pour ce qu'il m'apportait. Notre amitié va vraiment dans les deux sens aujourd'hui. Je sais qu'il a autant d'admiration pour moi que j'en ai pour lui, qu'il me respecte doublement pour le courage qu'il m'a fallu démontrer pour descendre si profondément dans la matière.

Animés de ce respect mutuel, nous avons appris à nous compléter avec nos ressemblances au lieu de nous diviser à cause de nos différences. Vous savez, les fameuses crises d'ego ! Ce n'est, de toute façon, qu'une fois ce point réglé, que ce livre pouvait voir le jour. Yvon va chercher l'information là-haut, et moi, comme un coureur à relais, je la prends et la descends plus bas dans la matière, là où se trouve la masse. C'est le seul et unique but de cet ouvrage, en plus du plaisir que nous avons à l'écrire.

C'est bien beau de savoir que nous possédons douze chakras et qu'il y a une extension de nous-même qui se rend jusqu'au soleil ou à l'île centrale Paradisiaque, encore faut-il savoir ce qu'on peut en faire ! Voilà en quoi consiste ma mission. Le seul fait de savoir que l'homme, malgré sa petitesse, est quand même grand me suffit, à moi. Savoir qu'une partie de moi est connectée quelque part, au centre de l'Univers, m'incite à poursuivre ma quête de sagesse et à développer de plus en plus d'amour afin de pouvoir en semer partout sur la route d'André et de son Esprit. Savoir tout cela me permet d'entrevoir ma propre grandeur et cela me remplit de gratitude pour tout ce qu'il m'est permis de vivre. Et cela me convainc que je participe, à ma façon, à l'évolution du TOUT ! Wow ! Quelle motivation !

Peut-être que, comme moi, vous vous sentez parfois bien petits devant les grands Esprits de ce monde ou devant les inlassables voyageurs de l'intemporel. Dans ce cas, prenez maintenant conscience qu'il n'y a jamais de gens inférieurs ou supérieurs aux autres. Seulement des Esprits qui se sont incarnés dans des couches différentes d'évolution, et tout cela dans le but d'accomplir des missions différentes...

A.H.

Comment ne pas
aimer la peau
qu'un Esprit habite ?

Une âme dit à une
autre :
« Pourquoi avoir peur
de l'incarnation ?
Il suffit de s'endormir
pour quitter
une planète ».

Chapitre 4
UN NOUVEAU DÉPART

Le texte qui suit a été écrit dans l'autobus qui m'emmenait à l'aéroport de Mirabel juste avant que j'entreprenne ma dernière tournée de conférences en France.

Et voilà, c'est reparti ! Je viens de quitter Céline sur le quai d'embarquement. Je crains toujours ces scènes d'adieu. Elles me rappellent le temps où mes parents venaient me visiter quand j'étais pensionnaire au Petit Séminaire de Québec. La séparation était tellement pénible ! Je les regardais partir, les larmes aux yeux, pauvre petit garçon seul et effrayé.

C'est ce que j'avais l'habitude de vivre chaque fois que je devais me séparer de quelqu'un. J'ai fait ce parallèle il y a quelques jours, et j'ai alors suggéré à Céline de me laisser me rendre à la gare d'autobus seul. Je lui ai expliqué pourquoi je lui demandais cela ; je lui ai parlé de toutes les souffrances qui remontaient. Céline m'a aidé à faire le lien entre ce que je vivais actuellement et les crises de découragement au Séminaire. Mes peurs du moment furent alors automatiquement occultées.

Ah ! Que je suis heureux ! Oui, je vous le dis. C'est souvent avec de la tristesse dans le cœur que je m'envolais pendant toutes ces années pour mes tournées européennes qui duraient un mois. Mais aujourd'hui, pas un soupçon de cette incontournable tristesse. C'est merveilleux ! J'ai beaucoup appris durant ces derniers mois. Entre autres à laisser passer l'émotion quand elle se présente, à la regarder passer et à trouver intéressant qu'elle soit là. Je deviens ainsi un simple spectateur de ma vie. Je regarde sur un écran la peine, l'ennui ou toute autre émotion qui essaie de m'envahir. C'est Yvon qui m'a montré ce truc très simple. Ah ! ce grand ami !

Tout à l'heure, avant de monter dans le bus, j'ai serré Céline dans mes bras en riant. J'étais tellement heureux. J'avais une compagne dont j'étais amoureux et un ami qui me remplissait de presque autant d'amour. Je suis comblé, et c'est maintenant que je m'en rends vraiment compte. L'amour que me procurent ces deux êtres a transformé ma vie, et ça s'est fait tout seul. J'ai maigri de plusieurs kilos, je m'alimente mieux, je me coiffe mieux. J'aime me sentir beau, c'est tout.

Et les gens me le rendent bien, par leur regard et par leurs commentaires. Lorsque j'ai embrassé Céline tout à l'heure, une dame qui passait par là nous a lancé : « Bonjour, les amoureux ! » Wow ! Comme c'est bon d'entendre cela ! Je ne pensais pas, il y a quelques semaines, que je pourrais aimer comme c'est le cas maintenant. Pas seulement ma compagne ou mes enfants, mais tous les merveilleux Esprits incarnés qui sont autour de moi.

Yvon a été un tournant dans ma vie, et j'en suis un aussi dans la sienne. Quand le maître est prêt, le maître apparaît. Eh bien ! cette maxime s'est appliquée à chacun de nous en même temps. Nous transformons nos vies respectives à chacune de nos rencontres, chacune de nos conversations téléphoniques, chaque fois que l'un de nous pense à l'autre. Vous avez peut-être, vous aussi, un ami qui change votre vie à chacun des contacts que vous avez. Profitez-en et ne craignez jamais d'être trop généreux avec cet être.

Une des peurs que j'ai eue à transcender avec Yvon, c'est de trop aimer, de trop m'investir dans cette amitié, d'aimer cet être plus que Céline ou mes enfants. Comme c'est stupide quand on y pense ! Peur de trop aimer et de devenir dépendant d'une personne affectivement. On devient dépendant seulement si on a peur de l'être, c'est aussi simple que cela. J'ai appris que seule l'expérience fait évoluer l'homme. Donc, si je n'ose pas expérimenter certaines choses parce que j'ai peur de je ne sais quoi, je vais stagner et je ne « saurai » donc jamais. Maintenant, je me lance à corps perdu dans les expérimentations, en me respectant, évidemment, et en respectant aussi les autres. Chaque fois que j'ai osé le faire jusqu'ici, j'ai grandi et j'ai fait profiter les autres de mon expérience. C'est ça, l'évolution : apprendre, expérimenter, puis passer à autre chose.

Existe-t-il un interdit que vous rêvez de transgresser depuis des années? Allez, transcendez-le en l'expérimentant le plus tôt possible. Si cela vous plaît, vous le saurez. Sinon, vous le saurez également et vous n'y penserez plus. Le bien et le mal n'existent que dans notre tête. Si une chose est bonne pour vous et que vous osez l'expérimenter, votre âme fera monter en vous un « wow ! » extraordinaire et vous serez heureux. Si ce n'est pas bon, vous serez déçu et vous pourrez cesser d'y rêver.

Céline et moi avons assez d'ouverture d'esprit pour nous laisser la liberté d'expérimenter certaines choses chacun de notre côté. Les résultats viennent toujours nous enrichir par la suite, autant sur le plan personnel que sur celui de notre couple.

Je suis heureux en ce moment, je vous l'ai dit, n'est-ce pas ? Ce mois de séparation d'avec Céline me permettra d'expérimenter tout ce que j'ai appris ces derniers temps avec Yvon. « Assez appris ! me dit mon vieux sage intérieur. On verra si tu peux maintenant passer à l'action. »

Je suis sûr d'y parvenir et d'obtenir mon diplôme. Car, c'est un fait que je ne suis plus le même homme. Je navigue maintenant sur les vagues de la vie en m'abandonnant complètement. Je délaisse le monde de l'émotion. Je me contente de la regarder passer sans lui donner l'occasion de s'ancrer en moi et de me faire souffrir. Le plaisir d'être est la seule chose que je recherche. C'est l'air qui me nourrit, le soleil qui me réchauffe. Si je ne m'amuse pas, je pars ou je m'éloigne en esprit. Difficile, me direz-vous. Eh bien ! si vous croyez que ce sera le cas, la souffrance et les difficultés seront votre lot jusqu'à ce que vous changiez d'optique. Moi, j'ai choisi consciemment le contraire, et jusqu'ici, ça marche merveilleusement bien. Et en bonus, je m'aime et je ne m'en cache plus.

L'amour de soi est la seule façon d'amorcer le processus qui me mène à ce bonheur continuel tellement recherché. Merci, Yvon, merci, mon grand frère, de m'avoir enseigné cela. Non par de belles paroles, mais par l'exemple. Tu es vraiment un ange qui s'est incarné dans un corps humain. Et je commence à croire humblement que c'est mon cas, à moi aussi. Mais je ne le dirai pas... du moins pas tout de suite, j'ai encore trop peur du jugement. Dans quelques heures, je vais m'envoler pour la France, et c'est un peu grâce à toi, Yvon, si j'ai le cœur aussi léger. Je m'en vais expérimenter ce que tu m'as entré de force dans la tête et dans le cœur durant ces derniers mois, à coup de paroles dérangeantes et d'expérimentations affolantes. Aujourd'hui, je me remercie d'avoir persévérer, et c'est avec cette transparence que tu m'as aidé à acquérir que je vais fouler le sol français tout à l'heure. Tu vas voir… je vais leur transmettre ce que *je suis.* Fais-moi confiance !

A.H.

C'est en
se réveillant
le matin que
le rêve commence.

Le plus beau
des diamants
a été taillé
par un humain.

Chapitre 5
La parabole du guérisseur

Il était une fois, dans une toute petite ville, un jeune homme du nom de Pierre dont la simplicité n'avait d'égale que la gentillesse et la bonté. Il entretenait le même rêve depuis longtemps, celui d'aider toujours un peu plus ses semblables. Même s'il faisait déjà tout ce qu'il pouvait en ce sens, il n'était pas encore satisfait. Il se répétait constamment : « Je suis sûr que je pourrais faire davantage pour les gens qui souffrent autour de moi. »

Le soir précédant son trente-troisième anniversaire de naissance, il s'est endormi très tôt. Durant son sommeil, son Esprit s'est retrouvé dans un épais brouillard. Il aperçut soudain devant lui un vieil homme avec une longue barbe qui était assis majestueusement sur un trône doré. Pierre regarda tendrement le vieillard. Il n'éprouvait aucune peur, car il savait que tout cela n'était qu'un rêve.

Le vieil homme s'adressa à lui en l'appelant par son prénom :

« Pierre, tu auras trente-trois ans demain et, à cette occasion, on m'a mandaté pour t'offrir le cadeau que tu as toujours demandé, celui de pouvoir guérir les gens en leur imposant simplement les mains. C'est bien cela que tu désires le plus au monde, n'est-ce pas ?

– Oh oui ! répondit Pierre, sans une lueur d'hésitation dans le regard.

– Eh bien, soit ! Qu'il en soit ainsi puisque c'est vraiment ce que tu souhaites. Mais tu dois cependant connaître les conséquences qu'implique un tel don avant d'en être investi. Je vais donc te transporter dans le temps pour que tu voies ce que sera ta vie une fois ton vœu exaucé. Petit Pierre, tu as le choix d'accepter ma proposition tout de suite ou de prendre le temps d'y réfléchir avant de faire ton choix.

La sagesse de Pierre lui fit décider qu'il devrait voir d'abord, même s'il était convaincu que son avenir serait de toute façon merveilleux, rempli d'amour et de bonheur, pour lui comme pour ses semblables. Il ne rêvait pas d'être idolâtré, seulement d'être reconnu un jour à sa juste valeur. Et ce qui le rendrait le plus heureux serait de sentir que les autres reconnaissaient ce qu'il était.

– J'ai pris ma décision, grand sage, déclara solennellement Pierre. Je désire voir d'abord.

– Qu'il en soit ainsi ! ordonna le barbu sympathique, avec un sourire étrange au coin des lèvres.

Le jeune homme tomba alors dans un sommeil encore plus profond. Au petit matin, lorsqu'il se réveilla, il ouvrit péniblement les yeux et s'assit dans son lit. Il repensa alors à ce drôle de rêve dont il ne comprenait pas le sens.

« Peut-être que j'ai simplement oublié la fin », pensa-t-il tout haut.

Chassant ce rêve de son esprit, il se leva et commença sa journée comme d'habitude : petit déjeuner, douche et départ pour le travail. Psychothérapeute de profession, Pierre œuvrait en tant que consultant en relation d'aide. En fait, il aidait les gens à être mieux dans leur tête. Il était doté d'un certain don de clairvoyance et il s'en servait à l'occasion pour mieux comprendre les personnes qui venaient le consulter. Sa clientèle se composait de personnes dont l'âge variait entre 35 et 70 ans, tous des gens qui avaient entendu parler de lui : le bouche à oreille avait bien fonctionné. Il avait l'habitude de recevoir trois ou quatre personnes par jour et le peu de revenu qu'il en tirait était bien modeste. Mais au moins, il exerçait une profession qu'il aimait et le rendait heureux. Cependant, il aurait bien aimé en faire plus...

Ce matin-là, dès son arrivée à son cabinet du centre-ville, Pierre reçut son premier client, un homme dans la cinquantaine qui souffrait d'un cancer pratiquement en phase terminale. Il se demanda secrètement pourquoi cet homme au visage dénué de vie venait vers lui. Il en conclut que, dans son état, ce dernier ne savait sûrement plus vers qui se tourner, qu'il venait chercher du réconfort. Avant de commencer sa consultation, Pierre se leva et alla directement vers l'homme. Sans y penser une seconde, il imposa ses mains sur sa tête et se surprit à dire : « Demain, au réveil, tu seras guéri, mon ami. Va, c'est ma volonté que tu vives encore longtemps. »

L'homme, ébahi, se transformait à vue d'œil. Il se leva, mit la main dans sa poche, et en tira tout l'argent qui s'y trouvait et le déposa sur le bureau. Il sortit si rapidement que notre Pierre n'a pas eu le temps de réagir.

Après ce départ précipité, Pierre sentit le remords monter en lui. Il se demanda ce qui lui avait pris d'agir ainsi, et pourquoi il avait fait croire à cet homme si malade qu'il serait guéri le lendemain. Il s'en voulait, en même temps qu'il ressentait une grande paix et une grande joie l'envahir.

Malgré les doutes incessants que son mental faisait monter à sa conscience, une voix encore plus forte se faisait entendre. Elle semblait lui confirmer que cet homme était bel et bien guéri. Reprenant ses esprits, Pierre regarda l'argent sur son bureau et le compta : deux cents dollars ! Cela n'avait aucun sens ! C'était trop ! Et si la police rappliquait et le traitait de charlatan, comme un individu qui abusait des pauvres gens...

Il n'eut pas le temps de s'abandonner plus longtemps à sa peur. Un bruit sec le fit sortir de ses pensées : déjà sa deuxième cliente franchissait le seuil de la porte laissée ouverte par le client précédent. C'était une petite dame dans la quarantaine qui souffrait de saignements urinaires. Visiblement gênée d'en parler, elle s'assit sans rien dire, le visage tout rouge.

Pierre la fixa avec son désarmant regard d'ange, et les paroles sortirent toutes seules de sa bouche : « Je sais ce dont vous souffrez, petite dame. Mais n'ayez aucune crainte, je peux vous aider et vous guérir. Si vous voulez bien vous lever, je vais placer mes mains pendant quelques minutes de chaque côté de votre corps, à la hauteur du nombril. Demain vous serez guérie. »

Extrêmement surpris par son inhabituelle audace, Pierre le guérisseur s'agenouilla devant la dame et lui imposa les mains. Quelques minutes plus tard, la cliente s'en retourna, abasourdie mais souriante, heureuse et en parfaite santé. Elle avait cependant pris soin de sortir de son sac un billet de vingt dollars qu'elle offrit au thérapeute en expliquant qu'elle était pauvre et que c'était tout ce dont elle disposait. Pierre avait l'habitude de ce genre de choses. Aussi prit-il le billet en souriant.

Encore une fois, il ne comprenait rien à ce genre de comportement. Mais comme il était fatigué, il n'y prêta pas trop attention. Et puis, c'était ses seuls rendez-vous de la journée. Il décida donc de se servir des dollars gagnés pour s'acheter des victuailles afin de regarnir son garde-manger.

Le lendemain, n'ayant que trois rendez-vous, seulement dans l'après-midi, Pierre fit la grasse matinée. Sans trop chercher à comprendre ce qui lui arrivait, il profita pleinement de son bonheur. Il se rendit vers treize heures à son bureau où dix personnes l'attendaient impatiemment. Il arrivait que des gens viennent ainsi à lui sans rendez-vous, mais ils n'avaient jamais été aussi nombreux ! Pierre les accueillit avec son habituelle chaleur humaine et il se mit à l'ouvrage, oubliant ce qui s'était passé la journée précédente.

Le premier client était le frère du cancéreux de la veille. Il informa Pierre que son frère s'était levé en si grande forme qu'il était parti jouer au golf pour la journée. « Cela tient du miracle, affirma-t-il, les yeux remplis d'admiration. Vous l'avez guéri. »

Pierre était des plus surpris, même s'il ne laissait rien paraître. Était-ce possible ? Le pouvoir de guérir sur les gens était bien son rêve le plus cher, mais pourquoi maintenant ? Il fut vite ramené à la réalité par son client qui lui raconta qu'il avait eu un terrible accident d'automobile. Les médecins lui avaient réparé le bassin à l'aide de plaques de métal et de vis. Mais il souffrait beaucoup quand le temps était humide, surtout l'hiver. Sa vie était un véritable calvaire.

Il demanda à Pierre si, avec les pouvoirs dont il était doté, il pourrait faire quelque chose pour lui. Il n'avait pas sitôt fini sa phrase que le guérisseur se leva, visiblement en transe, et se dirigea vers l'homme d'un pas décidé, les mains grandes ouvertes. Il prit notre homme dans ses bras, le fit se pencher et se relever plusieurs fois. Chaque fois que l'homme se relevait, il sentait la douleur diminuer d'un cran, pour finalement disparaître totalement. C'était miraculeux.

« Je me sens comme il y a vingt ans », s'écria l'homme avec enthousiasme. Puis il plongea une main dans sa poche et en ressortit quelques billets de cent dollars qu'il offrit à Pierre en lui assurant que cela lui faisait plaisir et qu'il ne devait surtout pas refuser. « C'est un don du bon Dieu que vous avez ! » Il sortit ensuite de la pièce en sautillant et en courant, tant il était bien dans son corps jadis si mal en point.

Une autre personne entra dans le bureau sans attendre qu'on l'y invite. Et Pierre recommença le même manège, qui se répéta tout au long de la journée. Les dix personnes furent soignées et guéries, et Pierre rentra chez lui, épuisé.

Il dormit mal cette nuit-là. Quoique des plus heureux d'avoir aidé ces gens, il ne comprenait pas ce qui se passait. Tout allait trop vite à son goût. Et que dire de tout cet argent que les gens lui donnaient sans qu'il le demande ! Où cela allait-il le mener ?

Lorsqu'il se réveilla le lendemain matin, il était encore plus fatigué que la veille. Il avait mal dormi et ne s'était pas encore remis de ses émotions. Malheureusement, on n'était que le mercredi et Pierre devait reprendre le boulot et respecter son horaire la semaine. À dix heures du matin, il se rendit lourdement à son bureau en marchant à pas de tortue. Encore une fois, il y trouva une horde des gens qui attendaient à l'extérieur. Ils étaient plus de vingt, toutes des connaissances des personnes que Pierre avait guéries la veille.

Tout en se faufilant péniblement à travers la foule, Pierre sentit monter en lui un vent de panique. Il se demanda combien de malades il pourrait ainsi traiter et soigner. L'ampleur de la tâche ne lui permettant pas de s'appesantir sur la question, il se mit à l'ouvrage.

Ce fut une très grosse journée. Lorsqu'il quitta finalement son bureau, vers vingt-deux heures, il était exténué. Jamais il ne s'était senti aussi fatigué. Il compta l'argent qu'il avait gagné, à peine trois cents dollars. Piètre récolte pour autant d'efforts.

Le lendemain, jeudi, il était en meilleure forme que la veille. Après avoir pris un copieux petit-déjeuner et s'être reposé durant une heure, il se dirigea vers son bureau en redoutant ce qui l'attendait.

Plus de cinquante personnes faisaient la queue devant sa porte. Le cœur rempli d'amour pour ces gens qui lui faisaient tellement confiance, il commença à réaliser ce qui lui arrivait. Ce fut donc un Pierre heureux et décidé qui s'installa à son bureau ce matin-là. Comme il était très occupé, il ne vit pas la horde de journalistes qui accouraient de partout avec leurs micros et leurs caméras afin de montrer au monde le fabuleux guérisseur qu'ils avaient découvert.

Entre deux rendez-vous, Pierre fut sollicité pour une interview et, comme c'était pour la télévision nationale, il accepta. D'ailleurs, toutes les personnes présentes l'encourageaient en ce sens. On lui demanda de parler de son don de guérison, un don qu'il avait sûrement reçu de Dieu Lui-Même. Pierre était comblé. En plus du bonheur qu'il éprouvait à guérir les gens, il sentait qu'il allait enfin être reconnu à sa juste valeur.

À vingt-trois heures, retour à la maison. Une cassette vidéo l'attendait dans sa boîte aux lettres. Intrigué, Pierre l'inséra dans le magnétoscope. Il s'agissait du bulletin de nouvelles nationales du soir qui diffusait son interview en primeur à travers tout le pays. Pour la première fois de sa vie, il se voyait à la télé et il entendait les témoignages des gens qui disaient avoir été guéris par lui. Même l'homme qui était venu consulter pour son cancer avait tenu à exprimer sa gratitude, en même temps que son intention de faire le tour des États-Unis avec sa femme. Pierre était consterné, épuisé. Il s'endormit sans même prendre le temps de manger.

Vendredi, toujours le même scénario. Mais cette fois, il y a des milliers de personnes devant son bureau. Et plusieurs policiers qui essaient tant bien que mal de contenir ces gens qui veulent rencontrer le guérisseur de Dieu coûte que coûte. Refusant de participer à cette folie, Pierre bat en retraite et retourne chez lui pour se cacher. Mais des gens qui avaient obtenu son adresse on ne sait trop comment s'attroupaient déjà devant son appartement. Dépassé par les événements, Pierre s'enferma dans un profond mutisme.

Le téléphone sonnait sans arrêt et le répondeur accumulait message sur message. Une fois, Pierre se risqua à répondre. Son interlocuteur, un homme qui habitait à l'autre bout du pays, lui demandait s'il pouvait sauver sa fillette de neuf ans atteinte d'un cancer du sang. « Vous n'avez qu'un mot à dire et je vous amène mon enfant », dit l'homme. Déchiré entre son amour pour les autres et son respect pour lui-même, Pierre raccrocha le combiné sans dire un mot.

Il entendit alors des coups provenant de la porte d'entrée. De violents coups de poing qui accompagnaient la voix du propriétaire de l'immeuble. Lorsqu'il ouvrit la porte pour le laisser entrer, Pierre aperçut un attroupement à l'extérieur. Impossible de circuler. Le propriétaire était fâché, très fâché même. Si bien qu'il ordonna à son locataire de quitter l'endroit dans les soixante-douze heures. Sinon, il serait expulsé de force.

N'en pouvant plus, Pierre s'enferma à double tour dans sa chambre. Il se jeta sur son lit en prenant bien soin de placer un oreiller sur sa tête pour étouffer les bruits du dehors. Il réussit quand même à s'endormir. Pendant son sommeil, le vieil homme à la longue barbe broussailleuse lui apparut de nouveau.

– Voilà donc ce qui t'attend, jeune homme, commença-t-il, si nous t'accordons ce don auquel tu tiens tant. Le monde a changé, tu sais. Tout est médiatisé si rapidement de nos jours. Pour la dernière fois, mon ami, veux-tu vraiment que ton rêve devienne réalité ?

– Non ! s'écria Pierre sans même prendre le temps d'y penser. Je constate que ma seule motivation était d'être aimé et d'être respecté un peu plus par mes semblables. Je n'ai pas l'âme d'une personne qui pourrait vivre uniquement pour guérir les autres sept jours par semaine, sans jamais se lasser. Ce n'est pas dans ma nature. Je sais maintenant que je veux seulement être aimé.

Sur ces mots, Pierre se réveilla à l'aube de ses trente-trois ans. Ce jour-là, pour la première fois de sa vie, il se contenta d'être simplement heureux, d'être... Pierre.

Y.M.

Le travail d'un véritable maître consiste à nous montrer la porte.

Seul un faux maître tentera de l'ouvrir à notre place pour nous y faire passer.

Chaque porte est personnelle et individuelle.

Le respect du libre-arbitre empêche tout être d'agir à notre place.

Chapitre 6
LES «PETITS GARÇONS À SA MAMAN»

Eh oui ! Combien d'hommes sont et resteront toute leur vie des petits garçons à leur maman ! Je suis d'ailleurs le premier à faire amende honorable en cette matière, car jusqu'à il y a encore très peu de temps, j'appartenais à ce type d'homme enfant. En effet, j'ai pris récemment conscience que presque toutes les femmes que j'ai attirées depuis mon enfance ont agi, chacune à leur façon, comme des mamans. J'avais besoin d'elles pour pouvoir un jour m'en saturer, pour me mettre à grandir et pour devenir enfin autonome.

Tout à l'heure, alors que je me prélassais dans mon bain, j'ai fait apparaître sur l'écran de ma conscience toutes les femmes « mères » qui ont été présentes dans ma vie. La plus importante a été évidemment Céline, ma compagne de vie. À ma demande, inconsciente évidemment, elle a admirablement joué ce rôle durant des années. Maintenant que j'y pense, je trouve ça drôle ! Durant les vingt-quatre premières années de notre vie commune, elle m'appelait tendrement son... bébé. Et moi, à la blague, je répliquais en disant « maman ».

Depuis mon récent éveil de conscience, j'ai été contraint par mon vieux sage intérieur de renoncer illico à cette relation maternelle, et à voir plutôt la femme en mon épouse. J'ai décidé de l'aimer pour ce qu'elle est, une compagne extraordinaire avec des qualités et des défauts, et non pour ce qu'elle pouvait m'apporter. Depuis lors, notre relation a changé du tout au tout et à tous les égards, sur le plan affectif, sexuel, et j'en passe.

Il faut dire qu'avec le recul, tout ça me paraît d'une telle évidence : qui voudrait coucher avec sa mère pour le restant de ses jours ? Quand la vie nous a fait comprendre que ce petit jeu de mère-enfant allait nous mener invariablement à notre perte, nous avons rapidement changé de cap. Nous avons donc commencé à la base, en cessant de nous appeler « maman » et « bébé ». Cela m'a permis de découvrir la femme que je n'avais jamais osé voir en Céline ; et, aussi, celle qui se cachait dans chaque femme que je rencontrais. Wow ! Comme ces femmes me semblaient belles tout à coup !

Ainsi, presque toutes les femmes de ma vie ont joué, un jour ou l'autre, le rôle de ma mère auprès de moi. Autant mes professeurs que mes compagnes de travail ou mes amies. Je les ai toutes aimées, peut-être pas pour ce qu'elles étaient, mais pour le soutien affectif qu'elles m'accordaient, pour cette fausse impression de sécurité et de prise en charge que ressent un enfant lorsqu'il est blotti dans les bras de sa mère.

Maintenant qu'André a redécouvert qui il est vraiment, il devient de jour en jour plus autonome et, comme par hasard, les femmes de sa vie cessent peu à peu de jouer le rôle de mère. Il n'a plus besoin de ce genre de femmes ; donc, il ne les attire plus. Du fond du cœur, je remercie toutes ces « mères » qui, depuis près de cinquante ans, ont répondu à mon vibrant appel de dépendance.

Mais aujourd'hui je tourne la page et je veux voir, sentir la « femme » en elles, et savourer simplement l'arôme qu'elles dégagent.

Comme je l'ai dit précédemment, ce coup de barre dans ma vie a totalement transformé ma relation avec Céline. Je l'aime aujourd'hui pour ce qu'elle est, et non pour la sécurité qu'elle m'apportait et la prise en charge dont j'avais besoin. Ah ! Comme ma vision des choses a changé depuis quelques mois ! Je peux enfin me permettre de prendre des femmes dans mes bras sans ressentir de culpabilité, je peux les sentir vibrer, déguster leur beauté intérieure comme extérieure. Je les vois comme surgies d'un immense champ de fleurs que je viendrais de découvrir dans mon propre jardin intérieur.

Céline est la femme que j'ai choisie entre toutes, celle qui exhale ce subtil parfum que je n'ai jamais retrouvé chez les autres. Par contre, je peux maintenant admirer, toucher, goûter avec tous mes sens, toutes les autres fleurs du jardin et me remplir de leur arôme. Auparavant, je croyais que cette attitude signifiait invariablement qu'on avait le désir de coucher avec une femme. Quelle conception erronée et de bas niveau ! Je m'en rends compte aujourd'hui.

André est en train de redécouvrir qu'il est un être sensuel avant d'être sexuel, l'un n'empêchant pas l'autre évidemment ; cependant l'ordre n'est plus le même. Il a appris à apprécier la femme au moyen de « tous » ses sens, sans sentir le besoin animal d'aller plus loin.

Je vous souhaite à vous aussi, hommes et femmes à la conscience nouvelle, de pouvoir apprécier les fleurs de tous les jardins de la terre; en espérant que vous puissiez reconnaître la vôtre, celle qui dégage le parfum unique qui enchantera votre âme. Quant à tous ces « petits garçons à sa maman » qui ne veulent pas ôter leurs œillères… eh bien ! qu'ils continuent à coucher avec leur mère, et qu'ils tournent le dos à leur propension profonde à l'autonomie. La prise en charge de son existence est pourtant un des buts ultimes recherchés par notre âme, un but auquel il faut donner suite un jour ou l'autre. Peut-être alors vous rappellerez-vous ce que vous venez de lire et changerez-vous de cap comme j'ai osé le faire…

Bonne route !

A.H.

Vous voulez de l'argent ?
Cessez de vous intéresser à l'argent.

Vous voulez du sexe ?
Cessez de vous intéresser au sexe.

Vous voulez de l'amour ?
Cessez de chercher à être aimé.

L'abondance se retrouve au seuil
du désintéressement,
alors qu'on ne l'attend plus.

Chapitre 7
LE CAUCHEMAR DE MARIE

Ce soir, Marie rencontre une voyante. Marie vient d'avoir 27 ans et elle veut savoir si sa vie va prendre enfin son envol, si elle finira par rencontrer le prince charmant, l'homme qu'elle épousera et à qui elle donnera de beaux enfants. Tout le monde la fatigue avec cette question. « Quand te marieras-tu, Marie ? » lui demande-t-on régulièrement. Et Marie ne sait trop quoi répondre.

Marie est encore jeune, c'est indéniable, mais la pression sociale se fait trop forte. Elle veut savoir à tout prix si tout rentrera dans l'ordre pour elle et, s'il vous plaît, que cela arrive vite.

La voyante, une femme dans la soixantaine, lui a été recommandée par sa grande amie Manon. Manon et Marie sont inséparables depuis leur enfance. Elles se disent tout, car elles se font entièrement confiance.

La dame regarde les mains de Marie et commence à dire des choses agréables. Elle parle d'un bel homme brun qui arrivera bientôt dans la vie de Marie, d'un mariage rapide à cause d'une grossesse non planifiée : un petit accident de parcours. Mais on est dans les années

80, et un sourire s'esquisse sur les lèvres de Marie pendant qu'elle dit : « Pas besoin d'être mariée pour avoir des enfants ! » même si c'est ce qu'elle souhaite. La voyante parle d'une union où il y aurait beaucoup d'amour et de bonheur. Marie est comblée !

Tout à coup, la vieille femme change d'expression. Elle devient grave, effrayée, et lâche soudainement la main de Marie.

– Attention ! lui dit-elle. Un grand danger vous guette. On vous observe avec une expression qui me glace le sang. Y aurait-il quelqu'un dans votre entourage qui serait mort récemment ?

– Oui, répondit Marie. Ma tante Nancy. Mais pourquoi me dites-vous ça ? Je la connaissais à peine. Il paraît que je l'ai mise en colère quand j'étais petite et mes parents ne m'ont jamais ramenée chez elle par après.

– Prudence ! ma fille ! Je crois que votre tante vous en veut encore dans l'au-delà. Prudence, donc ! Et priez pour elle ! Priez pour le salut de son âme !

– Mais qu'avez-vous vu pour réagir ainsi ?

– J'ai vu un œil qui vous regardait. Dans cet œil, il y avait de la colère et de la peur... et derrière, j'ai vu la lumière des morts, le tunnel de l'au-delà, le grand passage...

Marie se leva sur-le-champ et sortit de la maison.

Ce cauchemar allait-il la poursuivre toute sa vie ?

Marie se rappelait d'un rêve qu'elle avait fait vers l'âge de vint ans. Dans son rêve, elle avait justement vu un œil qui la regardait d'une très curieuse façon, avec une expression qu'elle ne parvenait pas à décrire. Terrifiée par ce regard insoutenable, elle avait ensuite vu apparaître une puissante lumière qui l'aveuglait. Jusqu'à aujourd'hui, Marie avait oublié ce rêve. Pourquoi cette voyante le lui rappelait-elle ? Était-ce sa tante qui lui en voulait encore ? Qu'avait-elle fait de si grave pour mériter tant de colère ?

Elle avait bien cassé un vase auquel sa tante tenait beaucoup. Mais elle n'avait que cinq ans ! On ne peut en vouloir à ce point à un enfant qui a fait une bévue !

En rentrant chez elle, ce jour-là, Marie se fit un devoir de demander pardon à sa tante Nancy et de prier pour elle. Pendant de longs mois, elle pria tous les soirs. Et cela durerait encore si elle n'avait pas eu la chance de rencontrer Jean. C'était le beau brun dont la voyante lui avait parlé. Marie en tomba follement amoureuse, si bien qu'elle en oublia sa tante Nancy tellement elle était inondée de bonheur.

Le temps a passé, Marie s'est mariée et elle est maintenant la mère de deux charmants enfants, un garçon et une fille. Ce soir, elle entre dans le cabinet d'un médium, à la suite des recommandations de sa grande amie Manon. Marie se demande si sa famille doit déménager, à cause du nouveau travail qu'on vient d'offrir à son époux. À quarante ans, s'installer dans une nouvelle ville n'est pas ce que notre amie avait prévu dans sa vie. Elle demeure dans un petit patelin qui lui plaît beaucoup. Par contre, Jean veut faire une carrière et cela le contraint à aller là où l'action se déroule. Il aime aussi l'endroit où il demeure actuellement, mais sa carrière passe avant tout.

Marie ne sait plus que penser. Leur grand amour semble s'éteindre à mesure que les enfants grandissent. D'ailleurs, ceux-ci comblent leur mère de tellement d'affection qu'elle reconnaît volontiers avoir moins besoin de celle de son mari. Ce qui encourage ce dernier à être plus souvent au travail qu'à la maison.

Jean est un homme bien et un homme bon, mais il semble un peu jaloux de l'amour que son épouse prodigue à ses enfants. On dirait qu'il la veut juste pour lui. Ce sont ces raisons qui ont poussé Manon à accompagner son amie chez ce médium.

Il est tout jeune : il ne paraît pas avoir plus de trente ans. Cela étonne Marie, qui se tourne vers Manon. « Ne t'en fais pas, lui dit cette dernière, il est bon, c'est tout ce qui compte ! »

L'homme s'installe dans un fauteuil et regarde Marie droit dans les yeux pendant un long moment. Puis il ferme les siens, comme s'il voyait des choses à l'intérieur de lui-même, et il commence à parler. Sans poser aucune question, le voilà qui se met à faire défiler l'histoire de Marie. Il parle des enfants, de Jean, de sa promotion, tout y passe. Il aborde même le sujet de la séparation du couple et évoque des faits que seule Marie connaît. Il semble décoder ses pensées les plus secrètes. Marie est terriblement embarrassée, mais elle veut continuer à tout prix. Aucun des mots qui sort de la bouche du médium ne lui échappe.

Soudainement, celui-ci pâlit et se redresse comme s'il venait de voir un fantôme. Sa voix commence à hésiter, à trembler. Il ouvre des yeux si grands qu'on dirait qu'il veut se sauver de quelque chose. Marie est figée !

« Attention ! lui dit-il, un grand danger vous guette. Méfiez-vous des gens autour de vous ! Je ne sais pas quand ça va se passer, mais il va sûrement vous arriver quelque chose de très difficile à vivre. Méfiez-vous des inconnus ! »

Marie partit comme une fusée. Cela s'est fait tellement vite que Manon a dû payer elle-même le médium, ce qu'elle fit en s'excusant pour son amie. Celui-ci la rassura, affirmant ne pas être insulté à cause de ce départ si rapide. Il ajouta qu'avec la vision qu'il venait d'avoir, il comprenait que Marie réagisse ainsi.

Après être rentrée à la maison, Marie s'enferma non seulement dans sa demeure, mais aussi à l'intérieur d'elle-même. Cette personne si belle avait perdu sa joie de vivre. Elle était devenue méfiante à un point tel qu'elle n'osait plus exprimer son opinion de peur de blesser les gens. Elle préférait vivre avec ses merveilleux enfants. Elle n'eut donc aucune difficulté à laisser partir son beau Jean pour la grande ville, pour les besoins de sa carrière. Elle avait choisi de vivre en paix, enfermée avec ses enfants dans son petit coin de paradis. Son soleil serait ses enfants qui continueraient à l'aimer, pensait-elle.

Mais elle s'était trompée. Ses enfants la quittèrent en effet trois ans plus tard pour aller rejoindre leur père et vivre dans la grande ville. Celui-ci avait refait sa vie avec une charmante personne et il faisait de plus en plus sa marque dans cette société moderne où il allait de promotion en promotion. Marie resta seule à la maison, vivant des prestations de l'aide sociale. Même son amie Manon n'avait plus droit à ses sourires.

Aujourd'hui, sa fille Anik doit venir la chercher pour l'emmener visiter sa nouvelle maison. Anik vient d'avoir vingt ans et elle vit avec Simon, un garçon qu'elle a rencontré il y a trois ans. Ils sont tous les deux beaux, jeunes et heureux comme leurs parents l'étaient à leur âge, et même un peu plus pour être honnête. La maison où ils se sont installés est vieille et d'allure modeste. Elle est située en banlieue de la petite ville où Marie habite. Anik pourra ainsi visiter sa mère toutes les semaines. Et c'est une mère émerveillée qui entre dans cette jolie demeure.

Marie est fascinée, transportée de bonheur. Elle veut voir les moindres recoins de la maison. Après l'avoir visitée en entier, sans oublier la cave, elle se retrouve au grenier dont la porte est coincée.

« Simon va réparer la porte, lance Anik. Ensuite, tu viendras découvrir avec nous ce qui se cache à cet endroit. Je te jure que nous ne regarderons pas avant ton arrivée. »

Mais Marie, trop impatiente pour attendre, se bat avec la porte. Ces vieilles maisons ont presque toutes de ces petites portes où l'on doit se pencher pour entrer dans le grenier. Ça a un petit cachet d'époque. De peine et de misère, elle réussit à l'entrouvrir de quelques centimètres, juste assez pour glisser un œil à l'intérieur. Trop occupée à sonder l'obscurité, Marie ne voit pas sa fille qui arrive avec une lampe de poche qu'elle allume et place au-dessus de la tête de sa mère.

Marie a cru mourir. Elle voit un œil qui la regarde avec une expression de peur et d'horreur dans les yeux. Après quoi il disparaît, balayé par la puissante lumière. Prise de panique, Marie court à sa voiture et va s'enfermer dans son appartement.

Ce n'est que le lendemain qu'Anik lui a téléphoné pour lui expliquer ce qui s'était passé. Elle connaissait suffisamment sa mère pour ne pas trop s'en faire avec les événements de la veille. On aurait dit que rien ne pouvait atteindre cette fille. D'ailleurs, Marie lui avait toujours dit que tout lui coulait dessus comme la pluie sur les plumes d'un canard. C'est donc une Anik détendue et moqueuse qui annonce à sa mère encore effrayée et tremblante qu'elle s'était imaginé un tas de choses.

Anik ne pouvait pas savoir que sa mère avait fait ce cauchemar à l'âge de 20 ans. Elle ne savait pas non plus qu'une voyante et un médium avaient eu la même vision d'horreur et que cela avait gâché la vie de Marie.

En riant, Anik raconte à sa mère qu'elle avait finalement ouvert la porte avec l'aide de Simon. En face de cette porte, il y avait un miroir. À cause de la lumière de la lampe de poche, Marie avait vu son œil à elle qui la regardait. Placée au-dessus de sa tête, la lumière avait ébloui Marie, du fait que son œil s'était habitué à la noirceur.

« Drôle maman, non ? » lança Anik. Que dire face à une telle simplicité ? Les deux femmes rirent pendant de longues minutes mais, une fois seule, Marie s'est mise à pleurer. À pleurer sur sa peur et son ignorance ; à pleurer sur cet homme qu'elle avait laissé partir ; pour toutes les fois où elle s'était empêchée de donner son opinion et pour tous ces moments où elle se cachait des autres ; à pleurer aussi pour avoir cru plutôt que pour avoir su.

La morale de cette histoire est que l'on ne peut se baser sur un événement pour prédire son avenir. Marie avait la fâcheuse habitude de se tourner vers les autres pour savoir quoi décider, quoi choisir. Vous voyez où cela l'a menée. La voyante a interprété l'incident comme étant une projection de la peur de Marie face à la mort, à cause de ses soixante ans. Cela pouvait avoir du sens pour elle, mais peut-être pas pour Marie. Le médium a lui aussi associé cette vision à la peur. En tant que médium, il avait peut-être peur des réactions des gens, et c'est cette peur-là qu'il a donnée comme explication. De sorte que notre amie s'est fermée de plus en plus sur elle-même, avec le résultat que l'on sait.

Y.M.

Un maître ne se laisse jamais impressionner par un autre maître.

Il se contente de faire corps avec lui un certain temps en l'accompagnant sur sa route, puis il reprend la sienne.

Chapitre 8
J'AURAIS VOULU ÊTRE... UN SAINT!

Et vous, ne me dites pas que l'idée d'être un saint ne vous a jamais effleuré l'esprit, au moins une fois dans votre enfance. Ne serait-ce que pour vous rassurer, pour vous sentir plus près de Dieu ou pour devenir un jour l'un de ses complices attitrés. Eh bien ! Je dois vous avouer que j'ai bien longtemps entretenu ces pensées, jusqu'au jour où...

18 juillet 1999. Mon épouse et moi revenons d'un voyage en France à bord de notre minuscule Renault Clio de location. Nous avions visité le Mont-Saint-Michel la veille et maintenant, le cœur un peu nostalgique, nous quittons Saint-Malo pour nous rendre à l'aéroport Charles-de-Gaulle de Paris. Comme nous avons toute la journée devant nous, nous décidons d'emprunter la route nationale. Cette route sillonne la campagne en traversant de petits villages pittoresques, et elle ne coûte rien (en France, la plupart des autoroutes sont payantes, très... payantes !)

Après quelques heures passées à regarder défiler des paysages extraordinaires, nous apercevons un panneau indicateur qui nous annonce la prochaine ville :

Lisieux. Céline s'étonne. « Mais ne serait-ce pas la patrie de la fameuse sainte Thérèse de Lisieux » demande-t-elle. Il faut dire que mon épouse a toujours voué une grande admiration à cette sainte. « Je l'ignore », rétorquai-je distraitement. Le temps de longer quelques magnifiques champs de tournesols, nous nous retrouvons, sans l'avoir vraiment cherché, dans le château fort de l'une des saintes les plus vénérées de par le monde.

Des petits drapeaux annoncent un genre de spectacle son et lumière (diorama) sur la vie de la jeune Thérèse Martin – c'était le nom de la sainte avant son entrée au couvent. Sans hésiter, nous payons les frais d'entrée et nous sommes conduits dans la salle de projection en compagnie d'une dizaine d'autres touristes. La présentation nous apprend, entre autres, que la jeune fille de Lisieux était de santé fragile, mais qu'elle manifestait une grande détermination. Elle est morte à l'âge de 24 ans et a été béatifiée par la suite. Je vous épargne les autres détails, que j'ai presque oubliés de toute façon.

Le narrateur a pris soin de nous informer que de nombreux miracles se sont produits grâce à l'intercession de la sainte. Il nous a même confirmé, en pesant bien ses mots, qu'un homme était récemment venu se recueillir à Lisieux d'aussi loin que l'Australie afin d'obtenir une guérison. Thérèse... tu m'impressionnes !

Nous sortons du diorama et nous n'en revenons toujours pas d'avoir abouti ici, dans le patelin d'une sainte ! Il faut dire que ça ne pleut pas au Québec... Une idée m'effleure : Ah ! Ce que j'aimerais moi aussi me recueillir sur sa tombe et, pourquoi pas ? lui passer quelques « commandes ». Mais le temps file et nous devons partir. Nous n'avons pas roulé 500 mètres que, ô surprise ! une gigantesque cathédrale se dresse devant nous. Pouf ! comme une apparition ! « Oh ! Qu'est-ce que c'est que ça ? m'exclamai-je encore une fois. Notre avion ne décolle que le lendemain, nous avons donc encore du temps.

Je me stationne de peine et de misère, « à la française » : deux roues sur l'asphalte, les deux autres sur le trottoir. Quelques minutes plus tard, nous montons les marches majestueuses d'une des plus belles cathédrales qu'il m'ait été donné de voir. Nous passons, en extase, sous l'arche de la grande porte. Mes yeux ne sont pas assez grands pour admirer les extraordinaires vitraux du temple. Ils sont beaux à en couper le souffle. Ils semblent rendre un vibrant hommage aux rayons du soleil qui les traversent en empruntant les couleurs de l'arc-en-ciel. Une odeur d'encens flotte dans l'air, facilitant l'intériorisation, pendant que nos sens se saturent de toute cette richesse. Cette richesse qui contraste pourtant énormément avec la description qu'on nous a faite de la petite Thérèse durant le diorama. Mais enfin, noblesse oblige... Je m'arrête devant le gigantesque support à lampions, et j'en allume un. Je lui demande du bonheur à profusion, en laissant sonner quelques francs dans le tronc pour qu'on sache que j'ai bien payé.

Mais Céline n'est pas encore rassasiée. Elle veut, elle aussi, réaliser son rêve : aller prier sur la tombe de sa sainte préférée. Aucune indication ! Pourtant, cet endroit doit être particulièrement couru ! En désespoir de cause, mon épouse s'arrête au kiosque touristique de la cathédrale pour s'enquérir de la direction à prendre pour se rendre à la crypte où la sainte est enterrée. « Euh ! balbutie la jeune Suédoise qui est à l'accueil, avec un accent nordique très prononcé. Sainte Thérèse est enterrée un peu partout, vous savez. Ici, nous n'avons que sa main droite et quelques fragments d'os – j'ai en effet remarqué un écrin à reliques accroché au porte-lampions de tout à l'heure. Quant au reste, spécifie la préposée, il est éparpillé un peu partout de par le monde. »

J'étais resté à l'extérieur pour me repaître du majestueux monument. Céline est venue me rejoindre pour me raconter ce qu'elle avait entendu. Je ne peux retenir un « Ouach » de déception particulièrement sonore, remarqué d'ailleurs par quelques pèlerins à mes côtés. « Mais ce n'est pas vrai ! Ils ne l'ont pas disséquée, démembrée, la pauvre petite ! » Mon vieux sage intérieur me lance alors : « Bien voyons ! D'où penses-tu que viennent les reliques ? Ils ne les fabriquent quand même pas ! » Je n'avais jamais pensé à cela auparavant... Quelle horreur ! « Allez ! On s'en va ! C'est trop pour moi » dis-je, dépité.

Nous regagnons la voiture en silence, imprégnés de la beauté des lieux, mais le cœur désabusé en pensant au sort qui a été réservé au corps de Thérèse Martin. Je me retourne vers Céline : « Moi, si je meurs en odeur de sainteté et que des miracles ont lieu à l'invocation de mon nom, promets-moi de ne jamais révéler où mon corps sera enterré. Sinon, on aurait tôt fait de me faire passer sur le billard, moi aussi... » Et nous avons ri de bon cœur, comme pour exorciser la désillusion que nous venions de connaître.

Il reste quand même que ce touriste australien, qui est venu de si loin en pèlerinage, et seulement pour 24 heures, a peut-être été exaucé, comme les milliers de gens qui viennent se recueillir chaque année dans cette ville de Lisieux. Même si je sens qu'il ne s'agit là que d'une mascarade mégalomane qui n'a strictement rien à voir avec le pacte d'humilité et de simplicité conclu par Thérèse avec son Dieu, il n'en demeure pas moins que des miracles ont lieu ici. Est-ce la petite sainte qui les accomplit, comme je l'ai longtemps cru, ou ne serait-ce pas plutôt la foi en cette sainte qui agirait sur les gens et les guérirait ? De toute façon, l'Esprit de Thérèse est probablement très loin. Peut-être même se retrouve-t-il sur la Terre ou ailleurs, en se moquant éperdument qu'on adule béatement ce qu'elle a été. Au fond, ce qui est dommage, c'est que les miraculés ne se rendent pas toujours compte que c'est leur propre partie divine qui, énergisée par leur croyance en une sainte intervention extérieure, les a guéris.

Pendant longtemps, j'ai voulu être un saint. Mais je m'aperçois que ces derniers ont été élevés à ce rang vénérable par des hommes ou des femmes comme vous et moi, qui les ont jugés aptes à servir de modèles. Entre nous, je vous dirai que je connais des saints et des saintes dans mon entourage, et vous aussi, j'en suis sûr. Je préfère de beaucoup m'abreuver à leur sainteté quand elle passe dans ma vie. Et, croyez-moi, après avoir vu le petit bout d'os de cette chère Thérèse à proximité du lampion que je venais d'allumer, je ne suis pas prêt à révéler le nom de ces personnes, pour éviter qu'elles ne soient « éparpillés » à leur tour...

Et je signe ce texte : saint André... Chut !

A.H.

Être maître,
c'est vivre
continuellement dans
son bonheur
d'« être »

Cessons de vouloir
donner ce que nous
ne possédons pas . . .

Chapitre 9
POURQUOI JOUE-T-ON CONSTAMMENT AVEC LA VIE ET LA MORT ?

Depuis des millénaires, l'Homme vit et meurt, puis il re-vit et re-meurt. Pourquoi ? Parce que nous avons le pouvoir de transcender la mort ! C'est pour cela que nous sommes venus sur la terre. Nous sommes capables de le faire et nous allons le faire. Les membres de la hiérarchie spirituelle m'ont révélé qu'ils étaient ici en grand nombre pour nous aider à effectuer massivement ce passage de notre évolution en tant qu'être intergalactique et spirituel. Ils ont besoin de nous, mais il nous faut d'abord accomplir cette partie de notre évolution.

Le monde scientifique au grand complet reconnaît que l'univers est en évolution. Sachez que des milliards d'autres mondes sont aussi en voie de création. La hiérarchie spirituelle a donc besoin d'une énorme quantité d'êtres qui ont passé cette étape. Ces êtres vont aller vivre dans ces nouveaux mondes dans le but d'aider leurs habitants à passer à leur tour cette importante étape de l'évolution.

L'Esprit évolue par des gestes qui l'amènent à se connaître dans son infinité, et l'époque que nous traversons est l'une des plus longues et des plus difficiles de cette évolution. C'est pour cette raison que nous recevons l'aide d'autant de créatures célestes qui, pour le moment, restent invisibles à nos yeux. Qu'ils soient ou semblent positifs ou négatifs, ces êtres nous aident à traverser l'époque que nous vivons actuellement. Le cheminement christique est le nom que l'on donne à la dernière partie de cet âge.

Ce processus nous amène à nous connaître en tant qu'Esprit incarné dans la matière, capable de gérer celle-ci et de la rendre immortelle. Bouddha nous a fait prendre conscience de l'illumination, qui est l'état de *nirvana* atteint par l'humain capable de s'intérioriser vers son propre Esprit. Le Christ nous a ensuite montré comment ce même humain peut transcender sa propre mort, et ce, par la force de son Esprit combinée avec une puissante volonté et la conscience d'être plus qu'un simple mortel. Ce processus mène inévitablement à l'*ascension*.

Acceptons donc l'idée qu'il y a un Esprit en nous ; que cet Esprit est nous et que nous sommes lui ; que nous ne sommes pas seuls, jamais ; qu'il y en a plusieurs comme nous partout dans l'univers ; que nous avons accès à notre Esprit en nous dépouillant de tout ce qui nous éloigne de lui dans notre vie d'être incarné ; que ce phénomène ne s'arrête pas là, car nous pouvons devenir un avec lui et un avec les autres. Nous verrons alors les autres d'une toute autre façon en sachant qu'ils sont toujours le reflet d'une partie de nous-même ; en sachant que pour grandir, nous devons nous donner la peine de regarder ce qu'il y a à voir. Rappelez-vous cette parole : « Ils écoutent et n'entendent pas, ils regardent mais ne voient pas. »

Ensuite vient l'étape où l'Esprit prend en charge notre éveil en nous formant, et ce, tant et aussi longtemps que nous l'acceptons. Il s'arrêtera aussi au moment où nous le voudrons et il attendra que nous acceptions de poursuivre notre formation. Plus tard, il nous restera à faire obéir la matière selon notre volonté, puis notre propre matière, notre corps. Nous pourrons alors passer à travers cette étape et aller vers un autre âge pour partager avec les autres ce que nous venons d'apprendre. Voici le cours que j'ai reçu cette nuit. Je tenais à le partager avec vous.

Y.M.

Vaut mieux vivre
pleinement ses
expériences
que s'imaginer
toute sa vie ce qu'elles
auraient pu être...

Chapitre 10
Si j'inventais un monde...

(version sombre, mais peut-être réaliste)

Dans ce texte, je partirai du postulat que Dieu m'a donné une durée de vie de 100 000 ans pour que je vienne sur une planète afin d'y faire des expériences avec ses habitants. Je serai invisible à leurs yeux, mais ils pourront percevoir ce que je souhaite partager avec eux. Ils me verront avec les yeux de leur Esprit sans le savoir et ils sentiront occasionnellement ma présence.

Alors, me voici dans un monde composé de petits villages où tous les gens vivent en paix. Disons qu'il y a là 100 millions d'habitants.

Je leur donnerai d'abord l'idée de créer des villes et je ferai de ces villes des centres d'intérêt afin que les gens sortent de leur village et qu'ils se regroupent, de sorte qu'ils seront ainsi plus faciles à manipuler. Je m'organiserai ensuite pour qu'ils développent ces villes et je diviserai celles-ci en quartiers qui seront en compétition les uns avec les autres. J'avantagerai certains quartiers au détriment des autres afin de créer une injustice sociale dont je pourrai bénéficier. Une fois ce niveau atteint, je choisirai comme chefs de ces villes et de ces quartiers des personnes opportunistes que je pourrai facilement corrompre. Pour ce faire, j'accorderai à quelques individus un pouvoir excessif sur le reste du peuple. Avec une poignée d'autres individus, je mettrai en place le crime organisé, ceci pour justifier l'instauration d'un service d'ordre et de sécurité. Si les représentants de la justice les arrêtent, les gens au pouvoir, qui sont leurs vrais patrons, les feront relâcher immédiatement de façon à maintenir le besoin d'une justice forte et puissante.

Lorsqu'ils seront informés de ces choses par les médias, les citoyens des villes croiront que ma justice est efficace. Mais en réalité, elle ne servira qu'à maltraiter le simple citoyen et à le maintenir dans un climat de peur qui sera entretenu par la menace que représente le crime organisé. Je dirai aux chefs de ces groupes criminels qu'ils peuvent tout faire tellement leur pouvoir sera grand. Ma justice travaillera contre eux, mais en apparence seulement. Dans les faits, les petits malfaiteurs seront aisément éliminés par les services d'ordre, ce qui protégera les vrais criminels. En plus, chaque ville aura ses propres lois et je veillerai à ce que ces lois soient incompatibles d'une ville à l'autre afin que personne ne puisse s'y retrouver.

Je ferai accéder au pouvoir des tas de gens incompatibles les uns avec les autres et je diviserai sans cesse ce pouvoir. J'encouragerai les cultes les plus divers afin que les habitants n'aient pas les mêmes mœurs. Cela créera sûrement des guerres religieuses ; je lèverai des armées pour contenir ces guerres.

En période de paix, mes armées tiendront secrètement de petites guerres un peu partout sur la planète, afin que les gens vivent dans la peur et bénissent leurs armées nationales qui fomenteront de nouveaux conflits. Je taxerai les peuples et une grande partie des revenus des gouvernements servira à alimenter ce climat de peur.

Mes prêtres seront convaincus que la foi en leur Dieu est la seule option possible. Ils seront hermétiques aux dieux des autres religions, ce qui engendrera conflit sur conflit pendant l'éternité. Ils exhorteront leurs ouailles à sauver leur âme qui est divine et répandront la rumeur que les Esprits peuvent être mauvais. Ainsi, les gens du peuple ne sauront jamais qu'ils sont des Esprits incarnés et que leur âme leur sert seulement de source d'énergie. Ils rejetteront le monde de l'Esprit et seront facilement influençables, car ils ne bénéficieront pas de l'assistance de la conscience qui se développe entre le corps et l'Esprit. Pour être certain que cela se passera ainsi, je ferai apparaître des revenants qui seront à ma solde. Ils seront en quête de pouvoir personnel et hanteront certains endroits où les gens habitent.

Je mettrai en place des moyens de communications pour relier les peuples qui vivent séparés les uns des autres en prenant soin de multiplier les types de langages. Ainsi, les gens devront utiliser des traducteurs, et je n'aurai qu'à en contrôler une poignée pour contrôler le peuple. Les médias devront être gérés par un minimum de gens, ceux-ci appartiendront à de puissantes familles d'initiés qui devront atteindre des buts bien précis de division et de contrôle des masses.

Pour éviter que cela se sache, j'introduirai un système bancaire avec une devise différente pour chaque pays, mais je ne laisserai aucun de ces pays contrôler sa monnaie. Des organismes privés appartenant à mes familles privilégiées d'initiés s'en chargeront. Ensuite, j'introduirai un système économique basé sur les cours de la Bourse, des cours « bidon » qui donneront une valeur fictive à chaque entreprise. Une simple rumeur pourra faire monter ou descendre ces cours, à mon choix. Je mettrai en place des gens si riches, qui auront tellement d'actifs et de pouvoir, qu'ils pourront contrôler les cours de la Bourse.

La Bourse me servira aussi à cacher les vrais propriétaires des sociétés. Je ferai voter des lois antimonopole en prenant bien soin de créer une compétition factice entre les diverses entreprises installées, qui appartiendront toutes à mes protégés. J'entretiendrai ainsi l'image de la libre concurrence, ce qui stimulera l'esprit de combatif des habitants de la planète. Grâce à un astucieux stratagème de compagnies à numéro et grâce aussi à des lois différentes d'un pays à l'autre, mes privilégiés seront intouchables. Ils pourront faire voter des lois pour empêcher que certains employés montent trop vite dans leurs sociétés, afin que les gens que j'aurai choisis puissent conserver leur pouvoir.

Tout le monde aura l'impression d'être libre, mais chaque individu sera assujetti à des tas d'obligations. Ils devront payer, toujours payer, à divers moments de la journée. Ils devront utiliser de l'argent pour s'acheter des tas de choses essentielles ou inutiles. Ensuite, je cultiverai le mythe du rêve. Par le biais de mes compagnies de communication, je ferai du marketing à rendre les gens malades tellement ils verront et entendront de la publicité. Vingt-quatre heures par jour, j'annoncerai toutes sortes de produits ridicules, mais de temps en temps, je présenterai une information contrôlée qui semblera importante. Ainsi, les gens seront dépendants de mes médias et je contrôlerai facilement ce qu'ils apprennent. Mes médias se feront la guerre entre eux, certains même en attaquant leurs compétiteurs. Cela dans le but d'encourager la compétition et de maintenir actif l'instinct de survie.

Mon monde en sera un de zizanie, et il sera de plus en plus difficile d'y vivre. Pour être certain de ne pas manquer mon coup, je les laisserai polluer l'air qu'ils respirent. Ils inventeront des produits toxiques pour faire de l'argent, et ils empoisonneront leurs mers et la terre qui les nourrit. Je ferai d'ailleurs disparaître l'argent quand le système deviendra trop lourd à supporter et je le remplacerai par des unités de crédit en prétextant la mondialisation de l'économie. Je pourrai ainsi contrôler davantage les gens en sachant qui fait quoi et avec qui. Entre autre, je mettrai en place des moyens de communication qui donneront une impression de liberté de mouvements, comme le téléphone cellulaire. Pour rendre ce système fonctionnel, je ferai construire un réseau d'antennes qui couvrira toute la planète. J'installerai ensuite des satellites un peu partout dans l'espace afin de relayer l'information.

Les gens se sentiront de plus en plus libres, ce qui me permettra d'exercer un meilleur contrôle sur leurs déplacements et leurs habitudes. Grâce à ce moyen, je saurai également tout ce qu'ils font, où ils vont, ce qu'ils disent, et cela pourra me servir contre eux. Une fois mon réseau bien en place, je ferai enlever ces appareils et je les remplacerai par de minuscules implants que j'insérerai dans le corps de mes concitoyens et je les leur vendrai sous divers prétextes. Ce sera un peu comme les puces dont les Américains équipent leurs animaux domestiques pour savoir où les retrouver au cas où ils se perdraient. Grâce à cette technologie, je pourrai faire disparaître des citoyens, rien que pour mon plaisir, en les enlevant de mes programmes informatiques. Ils ne pourront plus consommer, et nous verrons alors comment ils réagiront. Nous surveillerons tous leurs faits et gestes. Ils deviendront des zombies dans un monde où l'économie sera de plus en plus florissante.

Ils finiront par comprendre que l'argent est inutile et ils verront leur dépendance vis-à-vis de celui-ci ; mais il sera trop tard. Alors la société moderne s'écroulera et on verra autre chose se bâtir. De toute façon, je commençais à être fatigué de ce monde...

* * *

Si j'inventais un monde...

(version lumineuse, un regard sur le futur...)

Et si j'étais un de ces êtres d'amour et de lumière dont tant de gens parlent... je sortirais d'un nuage ovale situé au milieu du super Univers central, le centre de toute matière, ce que l'on nomme souvent le Paradis. J'abandonnerais ma modeste maison pour aller me promener dans l'espace infini. Je demanderais à la Hiérarchie Spirituelle qui gère l'Univers, un poste de contrôleur planétaire. Ces postes sont un rôle clef établi sur tous les mondes habités qui consiste à aider l'Esprit de la planète – car tous les mondes sont vivants (corps-âme-Esprit) – à vivre son évolution personnelle par l'intermédiaire de ses habitants.

Le contrôleur peut apparaître sous plusieurs formes, de façon qu'il puisse établir le contact avec l'Esprit de chaque monde. Il accomplit la volonté du Gouvernement Intergalactique qui régit tout l'Univers et il est soumis à la Hiérarchie Spirituelle. L'un est formé des créatures qui évoluent dans les galaxies et l'autre représente le grand Esprit, la Conscience de l'Univers, ce que certains appellent la volonté de Dieu.

Me voici donc dans un monde composé de petits villages où tout le monde vit en paix. Disons qu'il y a là 100 millions d'habitants. Pendant un long moment, je regarde vivre ces gens, puis je m'engage dans leur processus d'incarnation et d'évolution. Ensuite, je me rends visible à leurs dirigeants, comme le veut la loi intergalactique. Si ces derniers m'acceptent, je commencerai à me rendre disponible et à partager mes connaissances. Je suis conscient que certaines de mes capacités seront considérées par eux comme de grands pouvoirs, mais jamais je ne m'en servirai contre eux. Mon but sera seulement d'interagir – avec leur permission – dans leur développement d'êtres incarnés afin d'aider l'Esprit de leur monde à mener à bien son propre processus. Il me faudra amener cette planète à un taux vibratoire de plus en plus élevé afin que ses habitants deviennent conscients, totalement conscients.

En premier, je leur dirai d'où ils viennent et, avec mes capacités, je leur montrerai des images holographiques qui réveilleront certainement leurs souvenirs, temporairement effacés depuis leur incarnation. Ils comprendront que c'est seulement mon apparence qui est différente. Ils n'auront donc plus peur de communiquer avec moi et entre eux, car nous sommes tous de l'énergie, une énergie qui change constamment de forme et d'apparence.

Je leur apprendrai comment respirer avec leur corps et je veillerai à ce qu'ils se simplifient la vie. Une fois la relation bien établie, je demanderai au Gouvernement Intergalactique et à la Hiérarchie Spirituelle de me mettre en contact avec des peuples d'autres mondes qui sont compatibles avec nos habitants. Ces derniers auraient ainsi leur premier contact extraterrestre et ils pourraient partager leur technologie et leurs capacités avec d'autres mondes.

Ces peuples les aideront patiemment à annuler des milliers de lois et de règles qui ne leur serviront plus à rien du fait qu'ils auront évolué. Je veillerai à ce qu'ils ne se regroupent pas dans une grande cité qui pourrait essayer d'écraser les plus petites localités en leur faisant miroiter la sécurité et divers autres avantages. Dès les premiers mois, ils leur feront connaître des moyens pour obtenir gratuitement de l'énergie et sans aucun risque de pollution. L'énergie sera disponible partout et nous montrerons à ces gens comment en obtenir des quantités inépuisables. Comme ils n'auront pas à payer, à consommer, ils pourront se permettre de travailler moins longtemps pour gagner de l'argent et ils s'amuseront plus souvent.

Ensuite, ces peuples leur montreront comment utiliser des moyens de propulsion qui fonctionnent à l'énergie libre afin qu'ils puissent se déplacer partout sur leur planète. Toutefois, ces moyens resteront limités pendant un certain temps pour éviter que les gens voyagent trop loin dans l'univers, ce qu'ils pourront faire quand ils auront atteint une certaine forme de sagesse. Je ferai en sorte que tous les pays se regroupent en un seul monde et que toutes les langues se fusionnent en un seul langage, afin que tous puissent se comprendre.

Je ferai ensuite disparaître la monnaie et la remplacerai par un système abondamment utilisé dans l'univers : le système de gratification. Les gens apprendront ainsi à travailler pour leur propre plaisir et pour leur satisfaction personnelle de façon à atteindre le but qu'ils s'étaient fixés. Ils feront un grand pas dans leur évolution avec cet enseignement. Ils oublieront rapidement leurs anciennes croyances et se dirigeront vers l'expansion de leur conscience. Ce phénomène ne se manifestant que sur le plan personnel et individuel, ils s'isoleront de plus en plus chaque jour, afin d'aider leur conscience à se dilater. Leurs amis venus d'ailleurs les aideront à guérir définitivement leurs maladies et leurs maux en les faisant bénéficier de leur technologie.

La science évolue en même temps que les peuples. Si elle évolue trop rapidement, les peuples s'autodétruisent, car leur puissance n'est pas contrôlée. Il en a toujours été ainsi dans la création. C'est avec beaucoup de tristesse que nous voyons certains peuples se détruire à cause de leur désir insensé de puissance.

Avec les siècles, les gens commenceront à se sentir mieux dans leur corps et dans leur tête. Ils comprendront qu'ils ont leur place dans le Grand Univers et qu'ils peuvent commencer à y évoluer. La technologie qui leur permettra de le faire sera disponible, de sorte qu'ils voyageront de plus en plus loin. Nous veillerons à ce qu'ils développent simultanément leurs sciences et leurs Esprits afin de garder l'équilibre nécessaire à une évolution rapide.

Je les regarderai doubler leur espérance de vie en quelques années. Puis, à cause du travail qu'ils auront fait sur eux-mêmes, ils deviendront pratiquement immortels. Ils apprendront à apprécier ce qu'ils appellent leur corps, qui est leur véhicule. Ils sauront que tout n'est qu'énergie et ils iront partager leurs connaissances avec d'autres mondes. Ils seront libres et auront accès à plusieurs niveaux du Gouvernement Intergalactique.

Plusieurs d'entre eux voudront aller en mission pour découvrir l'immensité du territoire. Certains habitants iront assister la Hiérarchie Spirituelle. Ils seront bénis d'aider ainsi ces êtres merveilleux que sont les *Spirites* et ils ne cesseront de s'émerveiller de leur pouvoir infini de création. Imaginez que vous participiez à la création d'une nouvelle section du Grand Univers lui-même. Qu'il vous soit donné de voir ces êtres splendides se concentrer et le fruit de leurs pensées se matérialiser sous vos yeux, défiant ainsi toutes les lois rationnelles connues. Quel bonheur !

Mon peuple évoluera et je pourrai commencer à le visiter régulièrement. Je deviendrai disponible à ceux qui m'appellent, la vie de ces personnes deviendra tel un rêve rempli d'amour et de bonheur. Imaginez des écoles où vos enfants apprennent à léviter. Imaginez votre joie lorsqu'ils reviennent à la maison et qu'ils vous montrent ce qu'ils ont appris. Plus de violence, plus de serrures sur les portes – y aura-t-il encore des portes ? La paix régnera partout, le bonheur envahira les gens et les rendra si légers qu'ils flotteront dans l'air à leur gré. Ils seront devenus immortels et ils voyageront librement par la pensée sans besoin d'aucun autre moyen de transport. Ils partageront leurs connaissances avec d'autres peuples, d'autres mondes. Et moi, je les verrai et je leur parlerai tous les jours. Je les regarderai avancer dans le merveilleux monde de la conscience. Ils deviendront si lumineux que leur monde deviendra lui-même un soleil qui reflétera leur lumière personnelle. Ce nouveau soleil rendra possible la vie sur les planètes voisines. Et ces mondes évolueront à leur tour, assistés par mes enfants.

Je serai alors heureux de terminer mon voyage et de retourner au paradis pour me reposer un moment.

Y.M.

Faire comprendre qui est Dieu à un humain pourrait se comparer à tenter d'enseigner la trigonométrie tridimensionnelle à un enfant de deux ans...

Chapitre 11
LE COMPLEXE DE MÈRE TERESA

Un autre atelier de développement personnel débute. Cette fois, le thème est *S'aimer soi-même*. Une douzaine de participants attendent impatiemment le lever du rideau, le coup d'envoi qui les aidera sûrement à faire remonter, ne serait-ce que d'un seul petit cran, leur estime de soi, un élément essentiel du véritable bonheur. Parmi eux, une dame, dans la cinquantaine, qui paraît à peine quarante ans et quelques poussières. Elle est d'une grande beauté avec ses cheveux blonds légèrement ondulés, son corps longiligne qui ne présente aucune rondeur superflue. Mais, vous devinez quoi ? Elle ne s'aime pas ! Pourtant, tout le monde, dans le groupe, ne se gêne pas pour lui exprimer son admiration pour sa grâce. Mais elle... elle ne la voit pas. Je m'interroge sur cette contradiction, et mon vieux sage intérieur ne tarde pas à me rassurer en me disant que j'allais bientôt comprendre.

Depuis le début de la session, cette participante – que j'appellerai Suzanne, pour préserver son anonymat – se tient volontairement à l'écart du groupe. Et qui plus est, elle ne daigne même pas sourire, ce qui a le don de me déranger au plus haut point ; il en est de même pour

Carrolle, qui anime le stage avec moi. La tête serrée entre ses doigts crispés, Suzanne me regarde avec des yeux éplorés. J'y lis une profonde détresse en même temps qu'un questionnement intérieur sur ce qu'elle est venue faire à cet endroit. J'ai la nette impression que, si elle enlevait ses mains de sur son crâne, ce dernier se déferait en milliers de pièces détachées qui tomberaient pêle-mêle sur le sol. Mais qu'est-ce qui peut bien se cacher derrière ces yeux dénués de toute joie de vivre ? Pour ne pas hypothéquer le cheminement du reste du groupe, je décide de lâcher prise, pour le moment et de laisser cette âme errer seule dans son mutisme. Peut-être est-elle simplement la victime du groupe ? On verra bien !

Le reste de la journée se passe bien. Tout le monde, excepté Suzanne, semble avancer à grands pas. Ce n'est qu'au terme du repas du soir que la dame au regard triste semble s'animer quelque peu. Elle me demande de l'accompagner dans une promenade, en insistant sur le fait qu'elle doit me raconter ce qu'elle vit. Quoique exténué, j'accepte son invitation, avec une certaine crainte, je l'avoue. Je me dis que ce sera ma B.A. (Bonne Action) de la journée – j'ai déjà été scout, vous savez... Nous avons à peine fait quelques pas que la sérénade de ses malheurs commence à me pleuvoir dessus. Une suite interminable d'injustices et de persécutions dont elle a été victime, mais qui ont toutes comme point commun d'être la faute des autres : rejet par les membres de sa famille, harcèlement dans son milieu de travail, indifférence de la part de ses amis, etc.

« Mais, tentai-je d'intervenir à quelques reprises, tu ne trouves pas bizarre que ce soit toujours les autres qui soient à blâmer ? » Rien à faire ; elle m'entend, mais elle ne m'écoute pas. « Voyons donc, rétorque-t-elle, si tu savais le nombre de gens, dans ma famille et dans mon entourage, que j'ai élevés, aidés, maternés, sortis du pétrin, tu ne dirais pas ça. Et le pire, c'est que tout ce que je fais pour les autres finit toujours par se retourner contre moi. C'est terrible, ils ne comprennent rien. Tiens, autre chose ! Ces temps-ci, je m'occupe de personnes handicapées, une en particulier qui est en train de subir une grave injustice. Ça ne se passera pas ainsi. Je suis prête à me battre jusqu'à la mort pour elle. Je vais la sauver... »

Je n'en peux plus, je vais exploser – j'ai le droit, non ? J'arrête de marcher et, avec les yeux du guerrier qui sommeille en moi – et qui vient de se faire réveiller en catastrophe –, je la regarde droit dans les yeux et je lui lance: « Ton problème, c'est que tu souffres depuis ton enfance du complexe de Mère Teresa. Tu t'efforces de l'imiter alors que personne ne t'a jamais demandé de le faire. » Suzanne réagit fortement, mais je n'allais pas lâcher ma proie aussi facilement.

« Peux-tu me dire qui t'a mandaté pour sauver le monde ?

– Oui, mais... tente-t-elle vainement de rétorquer alors que sa tête ne veut vraiment pas battre en retraite.

– Suzanne, me hâtai-je de reprendre, te rends-tu compte que tu es en pleine phase terminale ? »

Woups ! Suzanne blêmit, son visage se décrispe. Elle est enfin descendue dans son cœur. Les deux derniers mots que je viens de prononcer ont atteint son Esprit. Elle est enfin prête à écouter ce que j'ai à lui dire. Pourvu que je la garde assez longtemps dans cette alcôve pour qu'elle puisse tourner le miroir vers elle-même. (« Eh ! Oh ! André, me lance mon vieux sage, ne joue pas à Mère Teresa toi non plus... » Je ris intérieurement !)

« Ma chère Suzanne, continuai-je, tu ressembles à une magnifique pomme à la peau de soie : toute rouge, toute lisse, brillante de beauté à l'extérieur. Mais, dans ce fruit en apparence sain, s'est développé un ver immonde. Ce ver grossit à vue d'œil, nourri par ta frustration et, il faut bien le dire, par ta haine à peine masquée envers les gens qui ne te rendent pas ton amour comme tu voudrais qu'ils le fassent. Depuis des années, ce ver te gruge par en dedans. Et le pire, c'est que tu l'alimentes constamment avec tes pensées défaitistes. Ton cerveau s'emploie à plein temps à lui fournir la nourriture nécessaire à sa croissance. Aujourd'hui, j'ai vu ce ver s'approcher dangereusement de ta peau. Si tu ne réagis pas rapidement, il va la transpercer sans scrupule. Dès qu'il aura atteint cette merveilleuse enveloppe que tu t'obstines à ignorer, il sera trop tard.

« Suzanne, tu as deux choix. Le premier : oublier ce que je t'ai dit et continuer à te laisser détruire à petit feu par ta dépendance morbide, par ton désir d'être reconnue pour tes bonnes actions. Si tu t'aimais suffisamment, tu n'aurais pas besoin de la reconnaissance des autres. Ta deuxième option consiste à passer à l'action dès maintenant, à faire un petit geste de bonne volonté pour te sortir au plus vite du merdier dans lequel tu es en train de t'enfoncer. Comment faire ? Commence dès ce soir à te donner autant d'attention que tu en donnes aux autres – lesquels, entre nous, n'en demandent pas tant... Que dirais-tu de consacrer désormais toutes tes énergies à essayer de sauver nulle autre que... toi-même ? Mère Teresa avait ceci de plus que toi : elle n'attendait rien en retour de ses élans de générosité.

« Laisse donc le rôle de sauveur de l'humanité à ceux qui l'ont vraiment choisi en leur âme et conscience, puis commence à vivre pour toi. Tu sais, la meilleure façon d'aider les gens, c'est de leur permettre de vivre à satiété ce que leur Esprit a décidé d'expérimenter dans leur incarnation actuelle. Tu peux les aider, certes, les soutenir dans leur démarche, mais jamais vivre pour eux. »

J'étais fatigué, prêt à abandonner la partie quand Suzanne me prit dans ses bras et me lança une petite phrase qui allait changer ma vie à moi aussi : « André, tu es un ange... » Elle venait de me récompenser pour ma peine. Par le biais de cette âme en détresse, Dieu venait de m'offrir un des plus beaux cadeaux de ma vie. Je repartis le cœur débordant d'amour pour le Grand Patron qui, encore une fois, m'avait démontré que tout a sa raison d'être, que tout le monde est toujours au bon endroit au bon moment...

A.H.

Donnez à quiconque
du pouvoir,
et il le prendra . . .

Être humble,
c'est être en harmonie
avec soi-même.

Chapitre 12
L'AMOUR, ÇA NE SE FAIT PAS QUE LE SOIR !

Faire l'amour, ça commence le matin, avec le premier regard, le premier sourire, la première caresse, le premier bonjour.

Faire l'amour, c'est offrir le petit déjeuner au lit, ou simplement un café ou un jus de fruits accompagné d'une petite chanson d'amour ou de mots tendres récités avec la gaucherie qui nous caractérise...

Faire l'amour, c'est lancer à l'autre un clin d'œil complice dans la glace pendant qu'il fait sa toilette ; c'est l'embrasser sans raison, juste pour le plaisir, sans rien attendre en retour.

Faire l'amour, c'est demander à l'autre quelle nuit il a passée, et écouter attentivement sa réponse ; c'est prendre le temps de se regarder, de se parler, de se toucher avant d'entreprendre sa journée de travail.

Faire l'amour, c'est accompagner l'être cher à la porte au moment où il part ; c'est lui donner un baiser en lui souhaitant une bonne journée ; c'est s'installer à la fenêtre et lui faire un signe de la main en affichant son plus beau sourire.

Faire l'amour, c'est se téléphoner pour un rien, juste pour se dire que l'on s'aime ou juste pour prendre des nouvelles de l'autre ; c'est se faire des surprises sans rien attendre en échange.

Faire l'amour, c'est prendre l'autre dans ses bras chaque fois que c'est possible, pour sentir sa chaleur, pour rétablir le contact et se donner de l'affection.

Faire l'amour, c'est accorder à l'autre la liberté de vivre pour lui-même, sans se montrer possessif, mais en lui faisant sentir qu'on l'aime toujours même lorsque notre corps est loin du sien ; c'est être convaincu que nos âmes se moquent des distances et qu'elles sont tendrement enlacées dans toutes les situations, peu importe le nombre de kilomètres qui nous séparent.

Faire l'amour peut aussi consister en une pensée qu'on lance vers l'autre, en fermant les yeux pendant un instant.

Faire l'amour, c'est s'accueillir et s'étreindre lors du retour à la maison ; c'est s'informer de ce que l'autre a vécu durant la journée ; c'est également s'offrir un petit verre de vin qu'on prend le temps de déguster ensemble en se racontant toutes sortes de choses ou en goûtant simplement à la sagesse du silence.

Faire l'amour, ce peut même être écouter la télé, serrés l'un contre l'autre ; c'est rire ou s'émouvoir ensemble ; c'est vivre à deux et nourrir cette complicité de toutes les façons possibles.

Faire l'amour, c'est aussi « faire l'amour »... Mais ce n'est pas que ça ! Cet aspect fait partie d'un tout indissociable... comme un dessert qui vient couronner un repas succulent !

A.H.

Le maître
« M » être . . .

Il y a autant de
maîtres dans l'ombre
que dans la lumière !

Chapitre 12
QUELQUES FLEURS DE MON JARDIN INTÉRIEUR...

Ami (1995)

Mon ami est de Lumière
C'est un être qui sait,
Qui connaît les choses que je recherche
Celles auxquelles je pense sans même
Vraiment savoir que j'y pense.
Mon ami est un être de chair et d'Amour
Il connaît la Paix de l'âme.
Mon ami est un véritable ami,
Votre ami à tous, c'est vrai,
Il me l'a dit.

La bulle de Lumière (1995)

Quand j'étais petit, tout petit,
Alors que je jouais paisiblement avec mes doigts,
Je vis apparaître une bulle de lumière.
Qu'est-ce qu'elle était belle !
Puis, elle s'approcha doucement, plus près,
Encore plus près.
J'aimais cette lueur douce et chaude.
Alors elle devint si près de moi qu'elle se mit à grossir
Jusqu'à ce que je devienne aveuglé par elle.
Ensuite, plus rien !
Toute ma vie, j'ai cherché cette Lumière.
Je suis allé partout, j'ai lu des tonnes de livres
Qui traitaient des phénomènes insolites.
Mais jamais, je ne l'ai revue.
Aujourd'hui, à bout d'âge, j'ai fait un songe
Sentant ma mort, étendu sur mon lit,
Je fus réveillé par une lumière aveuglante.
Alors seulement j'ai compris qu'elle venait de mon corps.
Cette lumière, c'était mon âme.
Cette lumière, c'était une parcelle de Dieu
Qui vivait en moi, tout près de moi,
Si près . . .

Encore la Lumière (1995)

Je suis né d'une étincelle
Sans le savoir, j'avais en moi le Feu Sacré
J'ai grandi comme j'ai pu
Cherchant la raison d'être, le sens de ma vie.
Pendant des années, j'ai erré
J'ai marché, guidé par ce que mes yeux me faisaient percevoir.
Ils étaient grands ouverts mais je n'ai rien trouvé
Alors, j'ai demandé la Lumière
Avec elle, j'ai bientôt trouvé
Ce que je cherchais partout était juste là,
Au fond de moi-même, une étincelle
Étincelle divine que mon Père m'a donnée
Quand il m'a créé
Je suis donc le fils béni
Et je suis bien heureux ainsi.

La vie (1993)

La vie est une courte période
Où l'humain court
Il court après des tas de choses
Des choses concrètes, des biens
Ou des abstraites, des idées
Des sentiments, religions, passions . . .
Et, pendant qu'il court
Il ne voit pas qu'il vieillit
En effet, sa vie passe,
Son temps s'effrite
Et son corps se détériore lentement
Mais définitivement.
Puis un beau matin
L'humain s'arrête, se regarde et
Réalise qu'il est vieux
Dès lors il court et court
Car après la vie, oui au bout de la vie
Il y a la mort . . .

Une fleur m'a dit (1995)

Une fleur m'a dit « Bonjour ! »
J'ai sursauté à l'entendre
Bien sûr, cela m'a plus,
Mais, une fleur qui parle.
Comment ne pas s'en étonner ?
Quel savoir-vivre pensai-je !
Quelle gentillesse remarquai-je !
Et pourtant, ce ne fut qu'un mot
Je m'incline devant la sagesse de cette fleur
Moi aussi dorénavant
Je dirai aux inconnus « Bonjour ! »

Dieu

Dieu est en chacun de nous
Telle une graine, une toute petite graine
Dans la terre composée de notre corps.
Le plus beau des vergers
N'a-t-il pas d'abord été un petit coin de terre?
Il faut bêcher, nourrir le sol, l'arroser
Et désherber, pour arriver à obtenir
Le plus beau verger,
Cela ne se fait pas tout seul.

Tu es le jardinier de Dieu
C'est pourquoi, tu ne dois plus le chercher
Il n'est pas loin comme tu le penses,
Il est là, si près de toi, qu'il est en toi.
Ne t'aveugle plus, ne pense plus qu'il est
Inaccessible, car il a toujours été avec toi.

Soit son jardinier et fais-le grandir en toi
Comme l'a fait le Christ
Puisqu'il nous a démontré
Qu'il est un Homme comme nous, en disant :
« Le Père est en moi comme en vous.
Écoute avec tes oreilles, regarde avec ton cœur
Tu es béni. »

Chapitre 14
HOMMAGE À UNE GRANDE DAME
(... et une grande âme)

20 juin 2000

Durant la période où je m'affairais à écrire ce livre, une de mes grandes amies, Renelle, m'a annoncé qu'elle était atteinte d'un cancer en phase terminale. Elle était quand même très sereine et cette sérénité se répandait autour d'elle. À peine quelques semaines plus tard, je me suis retrouvé à l'église de Sainte-Claire-de-Bellechasse où avaient lieu ses funérailles, devant une foule de plus de cinq cents personnes. Jean-Léon, son compagnon de vie, m'avait en effet demandé d'aller raconter aux gens réunis en ce lieu ce qu'avait été cette grande dame. Et, surprise ! À travers moi, c'est Renelle qui a parlé. Je vous offre ce texte, tel qu'il m'est venu...

Aujourd'hui, j'accepte volontiers vos pleurs, mais quand la peine sera passée, j'accepterai vos rires et votre humour comme avant. Ne vous gênez pas pour pleurer, car cela est nécessaire. Mais soyez conscients que vous pleurez sur vous-mêmes. Ne le faites surtout pas pour moi. Je suis délivrée et heureuse, car je peux enfin voler comme j'ai toujours rêvé de le faire.

C'est seulement mon corps malade qui a disparu de la surface de notre bonne vieille planète. Mon Esprit, quant à lui, continuera sa route comme il doit le faire.

J'ai accompli ma mission sur la terre, mais elle n'est pas finie pour autant. Si vous avez besoin de mon aide, ne me tirez pas vers vous avec vos pleurs et vos lamentations, vous savez que ce n'est pas mon genre. Élevez-vous plutôt vers moi et je vous aiderai à ma façon.

J'ai fait tellement de choses dans ma vie. Jean-Léon et moi avons pratiquement accompli tout ce que nous devions accomplir. Acceptez que je passe maintenant à autre chose. Car c'est exactement ce que suis en train de faire.

Quelles que soient vos croyances, conservez-les comme j'ai conservé les miennes. Mais respectez toujours celles des autres. Car nul ne peut prétendre posséder la vérité.

Pensez à la vie que je commence, et non à celle que je finis.

Je vous laisse en vous affirmant que même les pires événements de la vie peuvent être vécus avec joie. Ne suis-je pas moi-même partie en douceur dans les bras de mon père Noël? (Jean-Léon a en effet la stature, la bonhomie et la douceur de ce légendaire personnage)

Ma chanson préférée était *Que c'est beau la vie,* et je continue à la chanter ici, croyez-moi. La mort, telle que je l'ai vécue avec ceux qui m'ont accompagnée de façon si respectueuse, est une merveilleuse transition. Elle a été pour moi une véritable délivrance.

En terminant, je vous laisse ce message : Profitez de la vie à chaque instant qui passe. Aimez-la même quand les nuages assombrissent votre ciel ; dites-vous qu'ils ne sont que temporaires. Tout à l'heure, en retournant chez vous, chantez intérieurement ou à pleine voix avec moi *Que c'est beau la vie.* Faites de même lorsque mon souvenir remontera en vous et vous emplira de nostalgie. Ce sera ma façon de vous donner une tape dans le dos pour vous donner le courage de vivre pleinement votre vie.

Votre amie, Renelle.

Troisième partie

LA MERVEILLEUSE AVENTURE DE L'ÂME, DE SON ESPRIT ET DE SON CORPS

Chapitre 1
LA TRINITÉ
(... explication linéaire)

Une des choses qui entraîne le plus de confusion dans le domaine de la spiritualité est le fameux principe de la trinité, ce lien divin qui unit le corps, l'âme et l'Esprit. Au début de mon éveil à la spiritualité, j'ai appris – comme plusieurs d'entre vous je suppose –, sans réellement le comprendre, ce en quoi consistait ce fameux mystère. J'avais alors la certitude qu'il me fallait croire aveuglément tout ce que m'enseignaient mes nouveaux guides, et, sans trop me poser de questions. Je ne doutais aucunement de l'authenticité des sources qui nourrissaient mes maîtres, ce qui faisait de moi un croyant qui n'avait pas réellement besoin de comprendre. Et c'était très bien comme ça. Sans m'en rendre compte, j'étais juste passé d'un enseignement religieux dogmatique à un autre, spirituel cette fois, mais tout aussi dogmatique.

Plus de vingt ans plus tard, la relation de maître à maître qui s'est établie entre Yvon et moi m'a obligé à questionner mon système de croyances, notamment en ce qui concernait les rouages de l'incarnation, afin d'y faire un grand ménage. Pour être consistant dans ce que nous voulions apporter aux autres, il nous fallait parler uniquement de choses que nous comprenions tous les deux, du moins les choses dont les bases étaient les mêmes. Tant et si bien que lorsque j'ai commencé à expliquer à Yvon ma vision de l'incarnation (Dieu/Esprit/âme/corps), que j'enseignais comme on me l'avait appris, j'ai remarqué la présence de failles. De sorte que mes explications manquaient totalement de logique. Cela était dû au fait que les éléments corps, Esprit et âme, quoique tous présents, n'étaient pas nécessairement placés dans le bon ordre. J'étais depuis toujours dans le brouillard à ce sujet, me contentant de répéter ce qu'on m'avait appris et évitant les questions embarrassantes auxquelles je n'avais pas vraiment de réponse.

Il a fallu un petit incident durant une de nos conférences communes pour que toutes mes belles théories soient bouleversées. La question de la trinité avait alors été soulevée, ce qui m'a obligé à réviser mes positions. J'ai alors cessé de « savoir » pour enfin me mettre à « comprendre » le phénomène. (Yvon vous racontera sûrement cette anecdote plus en détail lorsqu'il vous présentera sa vision tridimensionnelle de la trinité.) Voici donc mon explication linéaire de la trinité et de l'incarnation.

Et si on commençait par un petit poème de mon cru...

Il y a de cela très longtemps,
Disons que c'était au début des temps,
Dieu se sentait bien esseulé
Dans cet univers merveilleux qu'il avait créé.

Faut dire qu'il était un être parfait
Mais, entre nous, il s'ennuyait.
Que faire d'un amour illimité
Lorsqu'on n'a personne avec qui le partager ?

Aux prises avec un début de dépression divine,
Notre céleste barbu eut une idée sublime :
« Et si je m'éclatais comme un ballon immense,
Remplissant chaque coin de l'univers avec un peu de Ma conscience. »

Je pourrais vivre en chacune des âmes ainsi parsemées
Pour un jour leur faire comprendre cette ultime vérité :
Que tout être vivant est issu de Moi et de Mon insatiable désir d'aimer
Et qu'il possède en lui une parcelle infinie de Ma propre divinité.

Pour faciliter votre compréhension, représentez-vous Dieu comme un immense ballon rempli de milliards de petites parties qui y cohabiteraient dans l'harmonie et la paix les plus totales. Visualisez pour cela un ballon où plein de confettis de toutes les couleurs flottent et circulent librement dans un mouvement constant.

Un jour donc, Dieu décida que toutes les parties divines qui Le composaient et qui étaient Lui également, allaient sortir de leur inconscience et expérimenter leur divinité dans la matière. Il faut dire que les particules en question étaient forcément d'une perfection et d'une pureté absolues, mais elles n'avaient pas expérimenté cette perfection et cette pureté. Pour faire une comparaison, disons qu'elles ressemblaient à un enfant qui vient de naître. Cet enfant est beau, n'est-ce pas ? Vous le tenez dans vos bras et son corps ne dégage que pureté et simplicité. C'est comme si vous pressiez contre vous un petit Dieu – tiens, en l'écrivant, je m'aperçois que c'est effectivement le cas.

Cet enfant est pur, vous serez sûrement d'accord avec moi à ce sujet, mais il ne le sait pas. C'est pourquoi sa mission consistera à grandir et à expérimenter la sagesse qu'il porte en lui. Il devra vivre dans un monde matériel où il sera sans cesse confronté à ses côtés lumineux et à ses côtés sombres, car l'un ne va pas sans l'autre.

Cet enfant ira à l'école de la vie jusqu'à ce qu'il soit devenu adulte. Il découvrira par lui-même qui il est vraiment, soit un être divin qui est descendu dans la matière pour expérimenter sa divinité et pour en devenir conscient. Après quoi il aura le pouvoir de transcender cette matière et de retourner consciemment vers sa Source divine. Pour s'apercevoir ensuite que l'aventure ne fait que commencer... Ouf ! On a fait le tour en quelques secondes ! Ralentissons maintenant.

Revenons à notre ballon rempli de confettis et visualisons un confetti qui se détache et se retrouve seul dans un tout nouvel univers, celui de l'incarnation humaine. Mesdames et messieurs, je vous présente l'âme ! Padam ! (on devrait ici entendre des roulements de tambours...) Eh oui ! voilà l'âme nouvellement née et en plein processus d'incarnation.

L'âme est donc une partie de Dieu. Elle est pleine de Lui et entièrement saturée de Son énergie. C'est Dieu dans toute sa force, une source d'énergie intarissable qui ne peut évidemment pas mourir, car elle est la Vie. L'âme est donc là, sortie du ballon divin, et déjà en quête d'expériences. Mais comme elle est composée de la substance la plus subtile qui soit, elle sait qu'elle aura besoin de densifier une partie de cette substance si elle veut descendre dans la matière pour pouvoir expérimenter.

L'âme (le Père) prendra donc un corps physique (le Fils) pour que puisse s'enclencher le processus d'expérimentation tant espéré. Le mariage des deux donnera alors naissance à l'Esprit qui deviendra la conscience de toute l'expérience vécue. Et voilà réunis les trois éléments de la fameuse Trinité : le Père, le Fils et le Saint Esprit.

L'Esprit sert donc de lien entre le physique et le divin ; il est son intuition, sa voix intérieure, son guide, son ange gardien, etc. Il est sa conscience de vivre, dans un véhicule vivant grâce à l'énergie divine que lui fournit l'âme.

Dans un de ses livres, je crois, Yvon compare l'humain à une automobile, l'Esprit en étant le conducteur. Si elle est laissée à elle-même avec, en plus, un réservoir vide, cette automobile ne pourra pas avancer, vous êtes d'accord ? Il faut donc de l'essence pour l'alimenter. L'âme, qui est connectée directement à la Source (Dieu), s'occupe de maintenir le réservoir de votre véhicule plein à ras bord de carburant. Nous n'avons donc jamais à nous inquiéter de manquer d'essence, notre âme s'en charge.

Il ne nous restera plus qu'à permettre à notre Esprit d'apprendre à conduire notre véhicule. Le conducteur et l'automobile feront de plus en plus corps ensemble, pour finir par ne plus faire qu'un. Vous voyez comme c'est simple. Chacun à un travail à faire, et il le fait depuis la nuit des temps. On a juste oublié cela, c'était peut-être un peu trop simple…

Donc, en résumé, Dieu (le Père) offre la vie à son incarnation (le corps). Il lui transmet, par l'entremise de l'*âme*, toute l'énergie qui lui sera nécessaire pour se soutenir et maintenir la vie en lui, en passant évidemment par la Terre, notre mère, qui, elle, nous donne notre corps physique. L'Esprit, quant à lui, sera cette partie de nous, invisible et immatérielle, qui nous permettra d'avancer, d'évoluer dans notre conscience d'être, et peut-être, de remonter au ciel vers notre Source (Dieu).

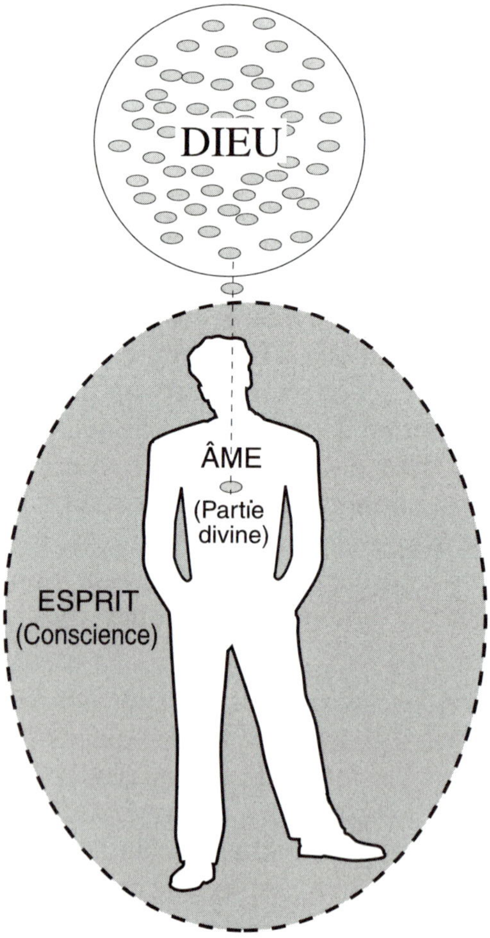

Vous rendez-vous compte de tout ce qui a été mis en action pour nous permettre de vivre, ne serait-ce que le temps d'une incarnation, tout l'amour qui est à la Source ? À bien y penser, nous ne sommes pas rien ! Bien au contraire, nous sommes le résultat d'un processus extraordinaire dont nous n'avons généralement aucune idée.

Aussitôt qu'il prend conscience qu'il n'est pas une masse de chair inutile, mais un être choyé et animé par une force divine, l'humain se met à évoluer à une vitesse vertigineuse. Il désire s'élever et il cherche par tous les moyens à le faire – nous en reparlerons dans un autre chapitre. Finalement, il découvrira, durant son ascension, quelle est la Source de sa vie. C'est à ce moment que s'établissent ses premiers contacts avec son Esprit, sa conscience. Celui-ci commencera à lui expliquer qui il est, le but de son incarnation, ce qu'ils ont à faire ensemble, etc. Le cheminement spirituel s'enclenche aussitôt que l'homme accepte la présence de son Esprit et qu'il commence à s'ouvrir à cette réalité.

C'est ce qui m'est arrivé le jour où, saturé et déçu de la religion dogmatique qui avait baigné une grande partie de ma vie, j'ai enfin réussi à m'en sortir. Du jour au lendemain, je me suis retrouvé sans Dieu ni loi, complètement athée, et soudain démuni devant l'immense vide créé par cette séparation. Je me suis alors mis graduellement à l'écoute de cette voix intérieure que je reconnus comme étant celle de mon nouvel ami, Frédéric, mon bel Esprit.

Progressivement, j'ai appris à lui parler et je le fais encore régulièrement. Dans le silence comme dans la cohue, je lui demande des conseils et je perçois ses réponses – la plupart du temps par mon intuition. Je me baigne dans sa simplicité et son humour. C'est mon enseignant, mon ami, celui avec qui j'espère me fusionner un jour, pour qu'ensemble nous puissions ensuite le faire avec notre âme, mais ce n'est pas pour demain...

Apprenez, vous aussi, à créer ce lien d'intimité avec votre Esprit. Il vous a probablement déjà parlé par votre intuition, en utilisant des moyens détournés comme des livres, des maîtres, des amis, des voyants, etc. Il est grand temps que vous nettoyiez le canal qu'il y a entre vous et lui afin de vous approcher de lui un peu plus chaque jour. Si son nom – car chaque Esprit en a un, comme l'âme d'ailleurs – ne vous est pas connu ou ne vous est pas venu instinctivement à la conscience, donnez-en-lui un, n'importe lequel, un nom qui vous sera sympathique. Ce sera le bon ! Tout ce qui s'éloigne de la simplicité s'éloigne également de Dieu, et de Sa vérité. Accueillez-le dans votre vie et jouissez de la présence de ce nouvel ami qui ne vous laissera jamais tomber.

Alors, conscient de votre affiliation divine et sachant que vous êtes constamment nourri par l'énergie du Père et celle de notre Mère la Terre, peut-être accepterez-vous plus facilement de vous abandonner, sans craindre quoi que ce soit !

La maladie et la mort ne seraient-elles pas la conséquence de notre ignorance à propos de cette énergie remplie de Dieu qui nous anime ? Poser la question, c'est y répondre. Quand on sait cela, on n'est plus jamais un disciple, on est un maître. Le maître de sa propre vie, le complice de son Esprit et de son âme qui, en fait, forment un tout ! Ça remonte le moral d'entendre cela, non ?

Entre temps…

Quelle synchronicité ! Dès que j'ai fini d'écrire ce texte, je me rends à mon ordinateur pour prendre mes messages et, surprise ! j'y trouve un courrier électronique d'Yvon. Il m'envoie un texte qu'il vient tout juste de pondre. Il m'expliquera plus tard qu'il a été sorti du lit très tôt le matin par Shannaton, son Esprit, qui l'a incité à écrire, en même temps que je le faisais de mon côté, un texte sur… devinez quoi ? la trinité. Vous vous rappelez, au début de ce chapitre, je vous ai dit qu'Yvon allait vous livrer sa version tridimensionnelle de la trinité. Eh bien ! Nous travaillions simultanément sur le sujet, sans le savoir. Nos Esprits vivent une telle complicité, surtout durant cette période d'écriture commune, qu'ils sont en contact constant l'un avec l'autre. Ce sont eux qui dirigent nos vies.

Il est tellement rassurant de savoir que tous les « hasards » de notre vie ne sont que l'agenda secret des Esprits avec lesquels nous cheminons dans l'instant présent. Plus nous nous abandonnons à eux, plus notre vie sera douce et exempte de tout combat inutile…

A.H.

* * *

La trinité, version «yvonienne»

L'autre soir, André et moi donnions une conférence sur la trinité. Au moment de la pause, je me suis absenté pendant 15 minutes, et à mon retour, je me suis aperçu que notre cher André s'était chargé de poursuivre seul la conférence.

Il avait dessiné un tableau de l'incarnation, corps, âme et Esprit, et il livrait ce qu'il savait, je devrais plutôt dire, ce qu'on lui avait appris depuis une vingtaine d'années. Je vous laisse deviner la suite.

Bien sûr, dès mon arrivée, André m'a demandé de confirmer ce qu'il venait d'affirmer et... je n'ai pas pu. Je ne peux pas dire ce que je ne sens pas en essayant de faire comme si c'était correct. Je ne suis pas de ceux qui pensent que les humains sont des enfants stupides à qui on peut faire croire n'importe quoi. J'aime trop les gens pour agir de la sorte. Alors, tant pis, j'y suis allé de ma version du processus de l'incarnation, quitte à en discuter plus tard avec mon Tidré, un Tidré dont je venais de démentir publiquement les propos.

Après la conférence, nous nous sommes retrouvés au restaurant avec Ginette, une amie commune qui a agi comme arbitre. Signalons que Ginette me connaît et me suit depuis plusieurs années déjà, ce qui pourrait me donner une sorte d'avantage. Mais il n'y a pas de guerre ici, juste deux amis qui s'aiment et qui veulent partager leurs connaissances avec leurs semblables. Il serait tout de même important que l'on se mette d'accord sur ce que l'on partage.

Le problème venait du fait que je nommais « Esprit » ce qu'André avait l'habitude d'appeler « âme ». Je vais donc essayer de mettre sur papier les éléments de cette discussion afin d'aider le plus de personnes possible à comprendre qui est qui dans cette fameuse trinité. Attention ! Je ne dis pas que je possède la vérité, ni aucune vérité d'ailleurs. Je désire seulement exposer MA vérité. Tiens ! Profitons-en pour en parler de cette fameuse vérité.

En conférence, j'explique aussi souvent que je le peux que :

$$V = \frac{CA}{TE}$$

V étant la vérité,

CA, la Capacité des gens à l'Accepter,

T, l'élément Temps, ou l'époque,

E pour l'espace, l'emplacement géographique, le lieu.

Donc, la Vérité est égale à la capacité d'acceptation des gens, divisée par le nombre correspondant à l'endroit et à l'époque où ils vivent. Par exemple, en l'an 1 800, les Européens étaient convaincus que la Terre était plate alors que, pendant ce temps, plusieurs peuples voyageaient sur les mers et pratiquaient le commerce. On a longtemps pensé, dans bien des civilisations, qu'on était seuls sur la planète. Toute époque a ses croyances. Le moyen-âge a été peuplé par des milliers de fées, de sorcières et de magiciens. La bible antique est illustrée de vaisseaux qui volent dans le ciel, etc.

Vous comprendrez donc que, pour moi, la vérité ne signifie pas grand-chose, puisqu'elle change tout le temps. Bien des choses que je considérais comme vraies étant jeune sont maintenant devenues pure fabulation. Il n'y a qu'à penser au père Noël. Bien sûr, on nous fait toujours « croire » à une vérité. Mais, il ne s'agit jamais de ce que l'on sait, ce que l'on sent comme étant vrai pour nous. D'ailleurs, je préfère dire qu'une chose est vraie seulement au moment où je la comprends.

Bon ! Retournons à notre trinité. Donc, André a cru pendant longtemps que Dieu, ou la Source, envoyait l'Esprit divin habiter dans l'âme et que celle-ci venait ensuite habiter notre corps. Ce qui nous donne l'Esprit, puis l'âme et le corps. Alors que pour moi, il s'agit de l'âme, de l'Esprit et du corps. Vous me direz que c'est banal comme différence, mais en conférence, on a eu l'air fou de ne pas s'entendre là-dessus. Et comme j'ai une véritable tête de cochon, je ne pouvais donner mon aval à une donnée que je considérais fausse.

Assis devant nos rôties, nous prenons la serviette de papier que les restaurateurs placent sous les ustensiles et nous commençons à dessiner. Notre mésentente vient du fait que pour moi, Dieu est solide, voire il est matière. Il ne peut en être autrement puisqu'il est TOUT, que nous sommes matière et que nous vivons dans un Univers de matière. Par contre, d'après moi, l'Esprit est conscience, ce qui n'est pas de la matière. Donc, la plus divine de nos parties, l'âme, doit être une minuscule parcelle de Dieu, ce Dieu qui vit en nous, dans notre corps. D'ailleurs, j'aime dire aux gens... Tenez, vous qui nous lisez, faites donc ceci :

Levez un bras avec l'index pointé vers le haut, puis, descendez-le et touchez votre corps en disant à voix haute « Moi ». Vous verrez que votre doigt ira se placer quelque part au centre de votre poitrine, et c'est là, exactement là, qu'est située votre âme, votre Moi divin.

Quant à votre Esprit, il est la conscience qui vous habite. Il n'est pas vraiment à l'intérieur de votre corps, mais partout autour. L'Esprit est ce qui nous permet de nous situer par rapport à quelqu'un ou à quelque chose... Conscience non matérielle, l'Esprit a été créé par le fait que le Père n'est pas le Fils, et vice-versa. (voir illustration qui suit.)

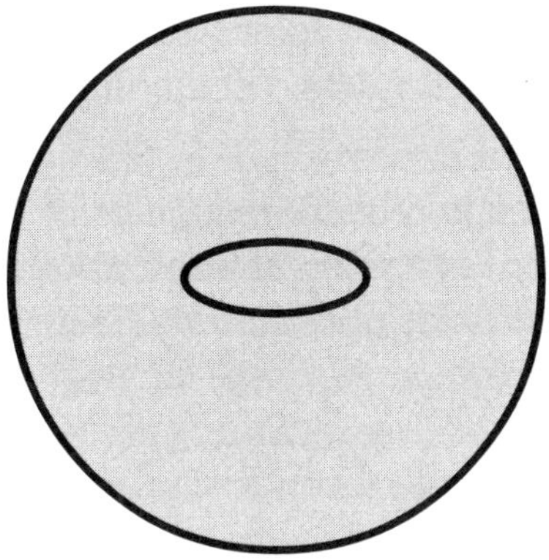

Dans cette illustration, le grand cercle représente Dieu le Père, la Source de toute vie. À l'intérieur se situe sa création, le Fils. Dieu est représenté par un cercle parce que le cercle est ce qui illustre le mieux ce qui n'a ni commencement ni fin. Le fils étant l'œuvre d'un être ayant ces attributs, il devait partager ces derniers tout en étant différent de son père.

L'ovale est le dessin le plus représentatif pour le fils. Il n'a pas non plus de début ni de fin, mais il est différent du cercle. Voilà ce que m'ont appris mes enseignants invisibles. Car vous devez savoir que je suis en formation 24 heures sur 24, même si personne ne me donne jamais de cours. J'apprends de mes enseignants (avant, je les appelais maîtres) spirituels et Yvon doit s'affairer à intégrer ce qu'il a appris. C'est ça l'éveil.

Les zones tramées sont ce qui représente le mieux l'Esprit. Vous voyez, il vit à l'intérieur de nous et en même temps autour de nous. C'est par lui que nous arrivons à comprendre ce que nous sommes – les fils de Dieu – et où nous sommes, quelque part à l'intérieur de cette Créature super immense qui est Dieu. Donc, pour moi, il était faux de prétendre que l'Esprit habitait dans l'âme puis dans le corps. Maintenant, vous comprenez pourquoi.

Si nous regardons les choses autrement, nous pouvons dire que le grand cercle, c'est le TOUT. L'ovale, c'est nous, notre corps de chair. Et si nous retravaillons légèrement le dessin, nous aurons ceci :

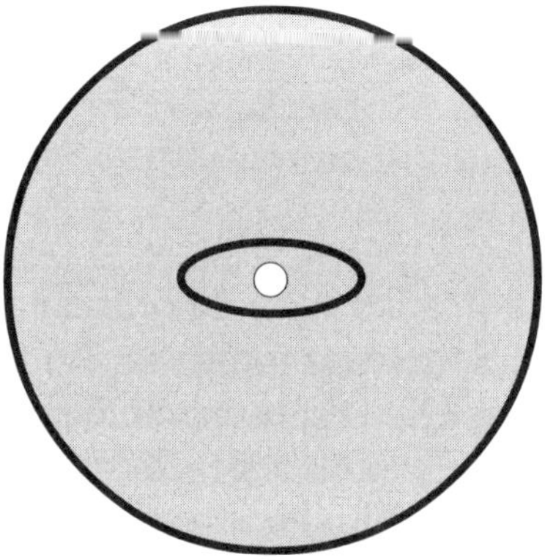

J'ai ajouté un petit cercle à l'intérieur de notre corps. Il est rond, puisqu'il vient de Dieu et il représente l'âme, qui donne la vie à notre corps. Donc, un morceau de la Source vit bel et bien à l'intérieur de chacun de nous. Et il est bien possible que ce petit morceau ait vraiment l'intention de retourner un jour ou l'autre au ciel, là d'où il vient. Il faut bien admettre que l'Esprit vit à l'intérieur de chacun de nous, mais on voit bien (et je pèse mes mots) qu'il vit en même temps à l'extérieur de notre corps. En fait, il remplit l'Univers en entier, et ce qu'on appelle le ciel est aussi chez lui. Si vous me suivez, vous venez de comprendre que deux de nos trois parties viennent d'ailleurs et qu'elles veulent retourner à cet endroit. Cela, à mon sens, explique tout ce qu'on entend dire sur l'élévation, les êtres de lumière, les anges, etc.

Vous voyez, mon corps est finalement la plus petite de mes parties, et bien que mon âme soit physiquement plus petite que moi, sa puissance est infinie. Je la considère donc comme plus grande que moi. On ne peut pas expliquer cela d'une façon claire, simple et précise, et c'est très embêtant, surtout lorsqu'on est un conférencier que des gens sont venus écouter.

J'ai réalisé depuis que, avant cette soirée, je ne comprenais pas aussi clairement ces choses. La discussion qu'André et moi avons eue au restaurant m'a forcé à traduire ma vue tridimensionelle en un exposé linéaire, simple et à la portée de tous. Merci, Tidré d'amour, de me faire intégrer davantage ces connaissances.

Y.M.

Note : On retrouve dans un livre très ancien, la *Svetasvatara Upanisad*, les dimensions de l'âme, soit un dix-millième de la pointe d'un cheveux : « Lorsque l'on sépare la pointe d'un cheveu en cent parties, qu'on divise à leur tour en cent parties, on trouve la mesure de l'âme ».

Chapitre 2
LES NIVEAUX D'INCARNATION

Tout le monde sur un piédestal !

Si vous saviez comme il me fait plaisir de vous faire part d'une notion qui a littéralement transformé ma conception de la vie ! En effet, je me suis beaucoup questionné sur ma forte inclination à idolâtrer certaines personnes que je croyais supérieures à moi. D'aussi loin que je me souvienne, j'ai mis des gens sur un piédestal, à des milliers de kilomètres au-dessus de moi. Si bien qu'il était ensuite difficile de les faire redescendre ou de les atteindre.

La plupart du temps, c'est la vie qui le faisait à ma place. Elle provoquait des événements qui m'obligeaient à reconnaître que mes idoles étaient avant tout des humains comme moi, avec de grandes qualités que j'admirais plus que tout, mais aussi avec des défauts que je ne voulais pas voir, probablement par peur d'être déçu ou confronté à mes propres faiblesses.

C'est ainsi qu'en tant que simple disciple, je me suis promené d'un maître à l'autre durant toute mon enfance religieuse, puis durant mon adolescence spirituelle. Mes enseignants avaient tous en commun d'être meilleurs que moi. Ils étaient inaccessibles, autant à cause de leurs connaissances extraordinaires que de la sagesse qu'ils avaient probablement acquise à force de travailler sur eux ou du fait qu'ils avaient reçu la fameuse illumination des mains d'un autre maître !

L'illumination instantanée ! Ah ! que je l'ai cherchée celle-là ! Je me souviens, entre autres, d'un *ashram* où un guru était censé me la donner en me touchant du bout des doigts, ou par la seule force de son regard. Dans mon livre *L'insoumis*, je raconte d'ailleurs avec force détails cette aventure que j'ai vécue avec mon maître hindou.

Toutes mes méditations ne visaient que ce but : l'illumination, l'éveil de la *kundalini*. Vous savez, cette montée soudaine d'énergie à partir du chakra de base jusqu'à celui de la couronne, qui provoque sur son passage un moment d'extase intense... Que de témoignages j'ai entendus à ce sujet, de la part de gens l'ayant sois-disant vécue. Encore d'autres heureux illuminés à idolâtrer...

Puis j'ai rencontré Yvon, et il n'a pas fait exception à la règle. Je me suis donc vu contraint de l'élever, lui aussi, sur l'un de ces dangereux piédestaux dont j'étais devenu le distributeur officiel dans ma région... À cette époque, j'ignorais tout des relations de maître à maître. Je me contentais d'être un bon et docile disciple, tout petit... tout petit ! Mon ami me parlait de ses visions de l'au-delà, de ses contacts intimes avec Shannaton, son Esprit – en plus il savait son nom, le chanceux, alors que moi, j'étais désespérément à la recherche du nom à donner au mien.

Plus j'écoutais parler Yvon, plus je voyais son charisme et l'étendue de ses connaissances, plus je me rabaissais. Je retombais dans mes vieilles habitudes de disciple prêt à se placer sous le joug d'un nouveau maître. Mais mon Esprit en avait apparemment assez de me voir m'humilier ainsi. Il décida qu'il était temps que je règle coûte que coûte ce problème devenu majeur et qui constituait une entrave certaine en regard de mon avenir.

Au cours d'une conversation que j'ai eue avec Yvon à ce moment-là, celui-ci m'a avoué, avec la candeur que ses yeux d'enfant pouvaient dégager, à quel point il m'admirait, moi, André Harvey, à cause de mon courage et ma simplicité. Même si sa sincérité ne faisait aucun doute, il m'était difficile de le croire. Encombré par toutes les programmations de mon enfance et par mes anciennes vies de réclusion et de soumission, mon mental ne cessait de me répéter : « Mais voyons, André, tu vois bien qu'il essaie simplement de t'encourager, de t'amadouer peut-être, ou encore d'augmenter ta confiance en toi. » Heureusement, je ne m'y suis pas laissé prendre trop longtemps. J'ai fait immédiatement taire cette cassette audio qui se déroulait automatiquement dans ma tête aussitôt qu'un « grand » me tenait de tels propos.

Ma bonne volonté à régler ce problème a fait en sorte que les événements se sont précipités et que j'ai enfin eu réponse à mes interrogations. C'est Yvon qui a été le porte-parole de mon Esprit. Voici, en résumé, les propos qu'il m'a tenus :

« Tidré, si tu savais comment je te trouve courageux d'avoir osé descendre aussi loin dans la matière ! Je t'admire pour cela. Moi, je n'ai pas pu, mais toi, oui ! Je m'explique. Alors que je me préparais à descendre sur la Terre pour m'incarner dans le corps d'Yvon, j'ai eu le choix de plonger très profondément dans la matière, comme toi, ou de rester plutôt en surface, à mi-chemin entre le haut et le bas. Comme je ne voulais pas trop perdre le contact avec mon Esprit, je ne suis descendu disons, que de quelques mètres, jusqu'à un niveau où je ne risquais pas de voir ce lien se couper. Une fois le saut effectué, j'ai pu rester beaucoup plus près de ma Source que toi. C'est pourquoi le canal entre Shannaton et moi est demeuré si grand ouvert.

« Je n'ai en effet qu'à créer un peu de calme en moi par la méditation pour me retrouver en contact direct avec lui. Je n'ai pas vraiment de mérite à cela, tu comprends ? Il en est ainsi pour bien des médiums et pour ceux que tu appelles des êtres de grande sagesse. Ces êtres qui sont en communion presque constante avec leur Moi supérieur. Lorsqu'ils ont pris un corps, ils se sont arrangés pour ne pas trop s'éloigner. Ils ont ainsi gardé ouverte la ligne entre eux et leur Esprit, une ligne bien intacte. Aller plus bas aurait pu entraîner l'apparition de parasites sur cette ligne ou, pire encore, couper la communication, un peu comme un portable lorsqu'il est hors zone.

« Eh bien ! André, c'est ce que toi, tu as osé faire. Tu t'es dit : " Tant pis, moi, je vais descendre le plus bas que je peux pour expérimenter la matière au maximum, quitte à oublier qui je suis. Ce faisant, je ne pourrai faire autrement que toucher le fond. J'y appuierai solidement mes pieds, je me donnerai un élan et je remonterai. C'est un défi de taille, mais je m'engage à le relever. J'aurai sûrement de l'aide. Allez hop ! dans l'ascenseur ! Tout le monde descend, jusqu'au sous-sol s'il le faut. Quel plaisir j'aurai à gravir les marches par la suite, et à voir de plus en plus de Lumière au bout de mon chemin ! "

« Tu vois, André, conclut Yvon, pourquoi j'admire ton courage. Tu as osé plonger dans le noir, tandis que moi, ainsi que tous les êtres que tu admires tant et que tu mets sur un piédestal, nous avons préféré nager en surface, ce qui est cependant nécessaire pour mener à bien le travail que nous avons choisi de faire. Comprends-tu maintenant les bases du processus de l'incarnation ? On ne peut juger de l'évolution de quelqu'un à partir de ce qu'on perçoit de lui avec nos seuls yeux physiques. Le plus grand sage n'est supérieur à personne, même pas au pire incroyant ou au plus mauvais des êtres. Chacun ne fait qu'expérimenter quelque chose de différent, c'est tout. »

Je suis resté bouche bée. Tout s'est éclairé. J'ai revu un à un tous ces voyants que j'avais surestimés dans ma vie et que j'avais idolâtrés secrètement depuis, euh !... la nuit des temps (j'exagère). Je me suis rappelé aussi toute l'admiration que la plupart d'entre eux me manifestaient à leur tour sans que je l'admette, par fausse humilité ou par orgueil, si vous préférez. Ah ! comme le jugement humain est trompeur lorsqu'il est fait avec la tête, qu'il se base sur les préjugés familiaux et sociaux qui meublent le cerveau !

Depuis cette prise de conscience, plus je m'élève, plus je suis fier de constater le chemin parcouru et plus j'admire les êtres qui espèrent encore émerger de leur léthargie. Je ne peux les juger, car j'étais du nombre il n'y a pas si longtemps.

Il m'a fallu quelques semaines pour bien assimiler ce qu'Yvon m'avait dit et pour me resituer par rapport aux êtres que j'avais élevés si haut dans le passé. Maintenant que je l'avais appris, il me restait à comprendre le processus d'incarnation dans son ensemble. Encore une fois, aussitôt que le maître a été prêt... le maître a eu tôt fait d'apparaître !

A.H.

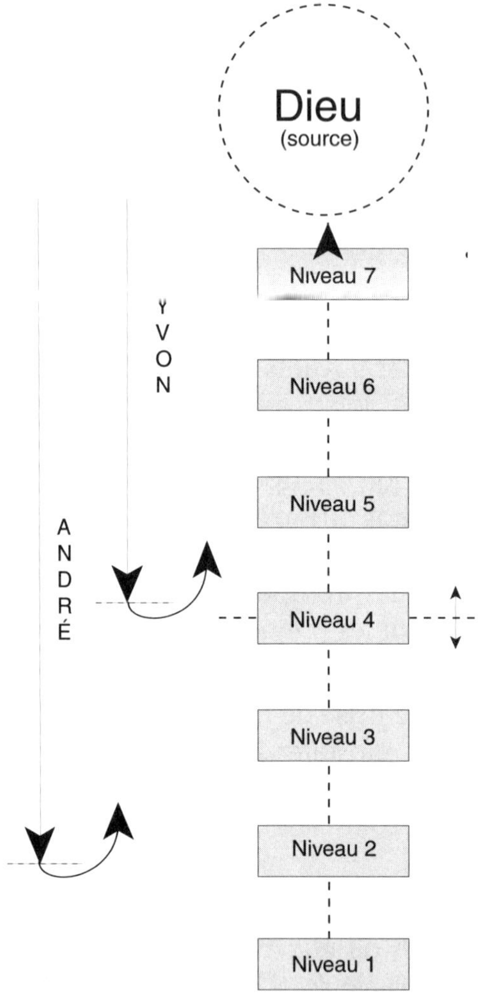

Certains Esprits s'incarnent très bas dans la matière, tandis que d'autres choisissent de pas descendre trop profondément...

L'incarnation: un saut en bungie

Eh ! Oh ! J'ai le goût d'intervenir pour vous offrir ce texte que j'ai rédigé l'autre jour et qui illustre bien ce dont André vient de vous parler.

Une autre façon de comprendre le processus d'incarnation est de visualiser une marionnette qui serait attachée à la main d'un marionnettiste par un ensemble d'élastiques. Ou d'imaginer la corde d'un bungie. Celle-ci est en fait constituée de plusieurs centaines de petits élastiques tournés les uns autour des autres. Supposons que chacun de ces élastiques, telle une ligne téléphonique, représente un lien direct avec votre Moi supérieur, votre Esprit.

En s'incarnant, certaines personnes, comme moi, ont refusé de couper plusieurs de ces cordes, pour ne pas perdre l'information qu'elles leur apportaient. J'ai l'habitude de raconter mon incarnation comme ceci :

« Voici la corde de ma dernière vie, je la garde. Celle-là représente l'autre vie avant. Je ne la coupe pas non plus. Quant à celle-ci, je la garde aussi, car c'est mon plan de vie, et ainsi de suite... »

Vous comprendrez donc que lorsque je me suis lancé dans le vide de l'incarnation, mon corps n'a pas pu tomber bien fort dans la densité. Quant à André, il a coupé sans hésitation un tas de ficelles en se disant qu'il plongeait, un point c'est tout. Alors, là... BOUM ! Il a plongé et le choc a été rude. Cela donne un homme qui me regarde parfois comme si je venais d'arriver d'une lointaine planète lorsque je lui explique certaines choses.

Vous comprenez ? C'est tout simple : plus on coupe de liens, plus on descend dans la densité et plus il faudra se *re*-connecter pour *re*-monter à l'endroit d'où l'on vient.

Y.M.

NOTE : Les explications qui suivent ont été reçues par Yvon au cours de méditations. Elles ont été ensuite transmises à André qui a médité à son tour, qui les a intégrées durant plusieurs mois et les a mises par écrit.

Regardons ensemble les différents niveaux d'incarnation qui sont accessibles à l'Esprit. En allant du haut vers le bas, le plus élevé est le septième et, tout en bas se trouve le niveau un. Comme notre cerveau fonctionne de façon linéaire, disons que l'espace et le temps existent sur ces plans, même si ce n'est pas vraiment le cas. Mais, à ce moment-ci, cela est nécessaire à notre compréhension. L'humain en devenir part donc d'en haut, où il est pure énergie, et se dirige vers le bas. Plus il descend, plus il se densifie. Suivons-le tout au long de son périple...

LES 7 NIVEAUX D'INCARNATION

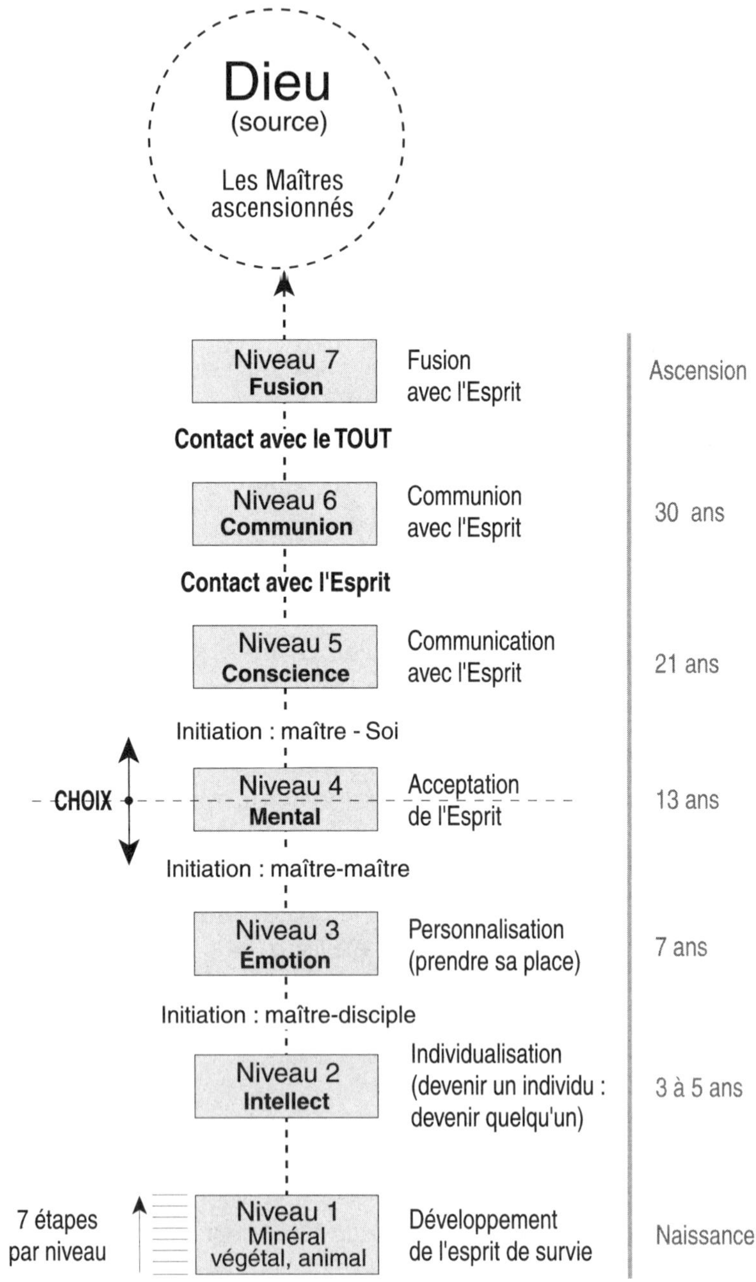

Niveau un: le plan primaire

(Minéral, végétal, animal)

Lors de ses premières incarnations ou, si vous préférez, lors de ses premières expérimentations dans la matière, l'Esprit se retrouve à ce niveau. Il fait alors l'expérience de la vie à l'état minéral, végétal ou animal. C'est l'existence à son état le plus brut. Cela va de la petite pierre au rocher immense, du simple brin d'herbe à une fleur multicolore, du moustique à l'abeille, de la souris au chat, etc. Tout cela vous est donné à titre d'exemple, évidemment, pour vous montrer la gradation de l'évolution, même sur ces plans.

Je ne peux aborder ce plan sans vous suggérer la lecture du premier livre d'Yvon, intitulé *De la Source à l'Humain*. Dans ce livre, il décrit très bien ce phénomène et avec force détails. (Yvon, tu me dois dix dollars pour cette publicité !)

Un jour, lors d'une conférence que je donnais à Angoulême, en France, j'ai parlé de ce premier niveau d'incarnation. Assis sur le bout de son siège, un homme semblait boire mes paroles depuis le début. Au moment de la pause, il est venu me rencontrer et il m'a raconté avoir fait des séances de *rebirth,* quelques années plus tôt. Les yeux pleins d'émotion, il m'a expliqué qu'au cours de l'une d'elles, il s'était soudainement retrouvé dans la conscience d'un caillou. Depuis ce moment, il était bouleversé, car il ne pouvait expliquer ce qui s'était passé. Il en était même venu à se croire fou, mais il n'en avait parlé à personne. Vous savez, ce ne sont pas des choses qu'on crie sur les toits, car on peut être taxé illico, par les gens dits « normaux », de débile profond. Mes explications eurent l'effet d'un baume sur sa plaie. Elles lui ont fait comprendre qu'il avait simplement revécu l'une de ses premières incarnations, ce qui a apaisé ses craintes concernant son état… mental.

L'Esprit expérimente donc graduellement la vie dans plusieurs de ces espèces, minérales, végétales, puis animales, jusqu'à en être saturé ou jusqu'à ce qu'il en ait retiré tout ce dont il avait besoin, soit le développement de son instinct de survie. Chaque niveau d'incarnation est à son tour divisé en sept, des marches que l'Esprit gravira une à une tout au long de son élévation. En d'autres mots, après avoir fait maintes expérimentations et s'être finalement saturé dans les mondes minéral et végétal, l'Esprit s'élèvera jusqu'à l'univers animal. Il s'y incarnera d'une espèce à l'autre et fera profiter chacune de ses expériences de vie.

Par exemple, la souris sera mangée par le chat et, grâce à cet apprentissage, elle pourra peut-être devenir un chat à son tour, recevoir éventuellement l'amour d'un humain, transmettre cet amour à l'espèce féline tout entière, puis continuer sa progression. À ces prémices du processus d'incarnation, chaque mort qui survient permet de renforcer la volonté de survie. C'est le début d'un long processus qui amènera l'Esprit jusqu'à son ascension, jusqu'à l'immortalité.

À travers son aventure dans le monde animal, l'Esprit apprendra, entre autres choses, la loi du plus fort et il développera son instinct de survie en expérimentant la peur comme outil essentiel de cette survie. Il commencera dès lors à percevoir des bribes de communication avec son Esprit, par le biais de ce que les humains appellent justement l'instinct de survie, le sixième sens.

Niveau deux: l'humain à son état brut

(L'intellect)

Rendu au septième stade du niveau un, l'Esprit délaisse définitivement le monde animal pour accéder à celui de l'humain. Parce qu'il aura suffisamment travaillé avec un Esprit collectif à sa race, il sera maintenant prêt à expérimenter un contact plus direct avec l'humain. À ce niveau, son *âme* laissera de plus en plus de place à son Esprit, pour lui faire prendre conscience qu'il est une créature divine. Son proverbial instinct animal, devenu plus raffiné, sera appelé « intellect », son cerveau agissant comme le maître d'œuvre et régnant en roi sur le reste de son corps.

Toute l'attention sera d'ailleurs portée sur ce nouveau véhicule super performant. Celui-ci pourra maintenant penser, agir par lui-même, ressentir des ébauches d'émotion, expérimenter la sexualité dans un but autre que la simple procréation, soit pour son seul plaisir.

L'être humain nouvellement arrivé à ce niveau se contente de vivre sa vie à l'état brut, égoïstement, car ses cellules se rappellent ses anciennes vies alors qu'il ne se préoccupait que de survivre, et faisant tout pour y arriver. Il sentira souvent émerger en lui des élans viscéraux de violence. Il démontrera de l'agressivité chaque fois qu'on empiétera sur son territoire (jalousie et possessivité excessives, engendrées par la peur).

L'homme se « prendra » une femme et cette dernière lui sera naturellement soumise, souvenir de sa période animale. Elle ne répondra souvent qu'à son puissant instinct lié à la propagation de l'espèce. À ce niveau, le corps est au centre de tout. Le côté bestial est omniprésent, et un soupçon de manifestations émotionnelles fait peu à peu son apparition, surtout chez la femme. On dira alors avec raison que l'homme est un animal intelligent. Il suffit de penser à des personnages de film tels que Rambo ou Rocky pour avoir une bonne idée du genre d'êtres que l'on retrouve aux premières marches du niveau deux : le meilleur, le plus fort, le plus courageux, etc.

Le sexe brut et purement bestial y prend une importance capitale, le nouvel humain découvrant tout le plaisir qu'il peut tirer de cette activité, qui ne vise plus nécessairement la propagation de l'espèce. Cette vision des choses étant nouvelle pour lui, l'être humain se lancera corps et âme dans l'expérimentation de la sexualité. Du plaisir, rien que du plaisir, sans y mettre du sentiment. « Du cul pour du cul », expérimentons cela, se dit l'Esprit, dans ce corps qui commence à sentir l'émergence d'une puissante énergie divine créatrice. Une énergie qui s'éveille toute seule et qui circule en lui lorsqu'il a une relation sexuelle. Les orgies, la prostitution, la pédophilie et autres déviations se retrouvent souvent à ce niveau alors que la conscience en est à ses premiers apprentissages.

Toujours à ce stade de l'incarnation humaine, l'être ne recherche rien d'autre que son plaisir, l'affirmation et le maintien de sa supériorité sur son voisin, le *je, me, moi*. Souvenez-vous, il y a peu de temps, il était un animal. Maintenant, il l'est encore, mais en plus, il est intelligent. Par la suite, il s'élèvera lentement au-dessus de cet égocentrisme et s'ouvrira à autre chose qu'à lui-même. Il ressentira la Source qui l'anime, mais dont il est peu conscient. S'il adhère à une religion, il le fera aveuglément, passant souvent d'un scepticisme total à une soumission religieuse extrême. Confrontation d'idées et guerres de religion sera son lot, jusqu'au jour où son instinct de guerrier conquérant s'apaisera, ce qui demandera énormément de temps.

Rendu à ce stade, l'âge spirituel se situe entre trois et cinq ans.

Niveau trois: l'émotion

(là où est rendue une grande partie de l'humanité)

Un beau jour, un événement déclencheur survient dans la vie de l'être arrivé à l'apogée de son niveau deux. Il peut s'agir d'une maladie, du décès d'un être cher, d'un choc, d'un accident qui aura pour effet de renverser la vapeur. Nous parlons d'un événement mais, dans la plupart des cas, il s'agit d'un maître de pensée qui apparaît sur la route de ce nouveau-né de niveau trois et qui lui montre une voie différente. On dira alors que cet être passe une initiation – tous les passages (pas-sages) d'un niveau à un autre en sont d'ailleurs. Cette initiation, le disciple la recevra de son ou de ses maîtres. Bienvenue dans le monde des émotions, avec tout ce que cela implique.

Le nouvel initié délaisse peu à peu son côté terre à terre et découvre que chaque malaise a comme origine une ou plusieurs émotions. C'est une révélation pour lui. Le mâle apprend qu'il possède une partie féminine, ou *yin*, et qu'il peut expérimenter son côté émotionnel jusque-là caché sous une épaisse carapace. Comble de bonheur, il peut même... pleurer, ce qui ne lui était pas permis auparavant. « Un homme, ça ne pleure pas », a-t-il entendu dire tout au long de son enfance, venant d'un père qui le faisait probablement en cachette pour ne pas montrer sa... faiblesse. La femme, quant à elle, s'en donne à cœur joie. Elle extériorise parfois avec excès les émotions qu'elle avait trop longtemps dû cacher, de peur de déranger ou de prendre trop de place. « Sois belle et tais-toi... », ça vous dit quelque chose, mesdames ?

Les êtres nouvellement initiés au niveau trois par leur maître ne jurent bientôt plus que par les émotions.

Ils les pleurent abondamment, les crient même à l'occasion, suivent thérapie par-dessus thérapie pour exorciser leurs démons intérieurs. Finalement, ils mettent tout ce qui leur arrive sur le dos des pauvres émotions qui n'en finissent plus de se former, surtout les malheurs qui les affligent. Quant aux moments de bonheur, ils s'en méfient comme de la peste, car on leur a appris qu'il y avait un prix à payer pour cela.

À ce niveau, le cirque émotionnel est roi. Mais à mesure qu'on s'élève, on voit se cicatriser de vieilles blessures intérieures trop longtemps maintenues vives du fait qu'on en ignorait la cause ou qu'on en masquait les effets à coups de médicaments. Heureusement que nos maîtres nous enseignent des façons efficaces de s'occuper de ces démons. Ces méthodes sont parfois tellement draconiennes et douloureuses qu'elles peuvent causer de fâcheux effets secondaires, dont le pire est la « victimite ». Les personnes qui en sont atteintes peuvent passer toute leur vie à tenter de soigner les mêmes blessures. Elles ne se doutent pas qu'elles provoquent ainsi l'effet contraire. Elles empêchent les blessures de cicatriser à force de les gratter à répétition dans les mêmes ateliers de croissance personnelle, groupes d'entraide, devant des psychologues, des thérapeutes en relation d'aide, etc. Ce travail émotionnel est certes utile, peut-être même nécessaire, mais, comme c'est le cas pour bien des choses, l'abus est le piège à éviter.

Plus les gens élèvent leur conscience dans le niveau trois, plus ils ouvrent leurs œillères jadis hermétiques. La théorie de la réincarnation les intéressera davantage, du fait qu'elle répondra aux questions laissées sans réponse par leur religion. Une religion qu'ils délaisseront d'ailleurs de plus en plus, à cause d'un manque d'intérêt (ils y ont tout appris ce qu'ils avaient à apprendre). L'ésotérisme prend la relève pendant un certain temps, après avoir perdu son aspect inaccessible d'antan. Pour certains, cette doctrine peut devenir le centre d'intérêt de leur vie et les conduire encore une fois à l'excès.

On retrouve énormément d'extrémistes à ce stade – le niveau trois est un banc d'essai extraordinaire ! – des gens qui n'hésitent pas à plonger tête première dans les extrêmes. Ils finissent par émerger dans l'équilibre, avec une connaissance plus approfondie du monde où ils vivent et des émotions qui y prévalent. C'est là la dernière marche de ce niveau.

Plus la religion à laquelle ces gens adhèrent est dogmatique, plus elle perd de son pouvoir sur eux. Finalement, elle est peu à peu remplacée par la spiritualité. Rendus à ce niveau, les gens se rendent compte que la religion est un ruisseau qui mène à la mer, et cette mer, ils commencent à l'entrevoir. C'est pourquoi ils peuvent se libérer assez facilement du joug des représentants religieux. Mais ce sera cette fois pour se retrouver sous celui de maîtres spirituels, de gurus, de sages, etc. Ils sortiront ainsi d'une soumission pour s'engager dans une autre.

Ils sont tellement avides de connaissances spirituelles qu'ils ont besoin d'enseignants érudits pour les leur transmettre. Rappelez-vous qu'au premier stade du niveau trois, on ne retrouve que des relations de maître à disciple. Heureusement qu'en s'élevant, on passera de la tête au cœur, des connaissances de l'intellect, le grand roi de ce cycle émotionnel, à la compréhension profonde de l'Esprit. Celui-ci se fait entendre à l'être qui émerge à peine de son enfance spirituelle.

L'Esprit, qui est de plus en plus présent, de plus en plus écouté par surcroît, poussera la personne éveillée à délaisser graduellement ses démarches émotionnelles, interminables et ardues. Il lui fera comprendre, par le biais de divers évènements, qu'il est temps de faire un pas de plus ; que l'émotion, une fois cernée, doit être laissée tranquille ; qu'il faut cesser de lui accorder une attention excessive pour ne pas la nourrir davantage. L'étang jadis infect a été nettoyé durant des mois, voire durant des années. Il est maintenant temps de cesser de remuer la surface et de laisser retomber au fond les dernières scories, ce qui permettra à l'eau de se clarifier.

Le calme s'installera de lui-même après la tempête, au gré de l'élévation qui se produira après cette importante prise de conscience. L'épuisante recherche de compréhension « à tout prix » fait alors place à l'acceptation de ce que l'on est, puis à l'abandon total à la Vie. Celle-ci devient automatiquement plus douce, parce qu'on se pose moins de questions et qu'on se contente simplement d'être bien dans ce que l'on fait, qu'on s'accepte désormais avec ses qualités et ses défauts.

Quel soulagement on ressent au sortir de cette longue période de crise qu'on vient de traverser ! On délaisse peu à peu les méthodes et les techniques limitatives enseignées par nos maîtres, et on fait plutôt un grand ménage là-dedans, en ne gardant que ce qui fait notre affaire et en jetant tout ce qui est dépassé.

Dès qu'on se donne la permission de faire ce ménage, dès qu'on se croit apte à juger de ce qui est bon ou non pour soi, sans devoir demander la permission d'un maître extérieur, on peut s'attendre à voir pointer à l'horizon l'initiation qui nous élèvera au niveau quatre. On ressentira encore des émotions – heureusement ! Mais au lieu de les nourrir en les analysant à l'excès ou en se créant des scénarios qui peuvent prendre des proportions monstrueuses, on se contentera de les regarder passer en les saluant au passage et en les remerciant même de leur visite. On découvrira alors le secret de la véritable acceptation de soi.

Le niveau trois aboutit à la libération, à l'ouverture de l'Esprit et à un amour de soi véritable. On commence à s'apprécier tel que l'on est, peu importe le corps que l'on a et le caractère qui nous anime. Comme on est moins souvent mené par notre tête, on a moins tendance à se juger. La sexualité prend alors un nouveau sens ; elle devient belle, saine et créatrice d'une énergie divine régénératrice.

Le « cul pour le cul » intéresse moins les gens à ce stade. Ils peuvent certes avoir du plaisir, jouir du sexe comme jamais, s'amuser à satiété de cette énergie en ayant parfois l'air d'en abuser – ce qui n'est jamais le cas. Cela est dû au fait qu'ils sont de plus en plus conscients de la force que cette énergie représente.

C'est aussi à cette période de leur cheminement qu'ils commencent à « faire » réellement l'amour. C'est-à-dire, comme l'expression le dit si bien, à fabriquer en eux cette énergie vitale et, je le répète, cette énergie divine qui les fera renaître, pour la plupart.

Cette conception nouvelle d'une sexualité dénuée de culpabilité pourra en entraîner certains vers des excès, mais ceux-ci seront nécessaires pour mener à terme l'expérience que veut vivre l'Esprit à travers le corps. Chaque relation sexuelle deviendra de plus en plus conscientisée et libérée des préjugés. Le sexe ne sera plus un plaisir strictement animal, mais une occasion de s'épanouir, d'exprimer de l'amitié ou de l'amour envers quelqu'un ou envers soi-même. La sexualité ainsi vécue et ainsi redécouverte servira de tremplin pour accéder au niveau suivant.

Ici, l'âge de l'Esprit passe de sept à douze ans, ce qui correspond à la préadolescence.

Le niveau quatre – le mental

Comme plusieurs d'entre vous, je suppose, je croyais, il y a très peu de temps, que l'intellect et le mental étaient une seule et même chose. Mais ce n'est pas le cas. L'intellect, c'est le cerveau dans toute sa rationalité ; il ne tient pas compte de l'Esprit et encore moins de l'âme dans ses analyses. Il ne se base que sur l'instinct de survie. C'est le grand maître des émotions, car son rôle consiste à juger de ce qui est bon ou non pour nous, selon ses propres critères évidemment et selon les données qu'il a accumulées depuis sa création. Et il juge de façon stricte. « Hors de mes critères, point de salut », clame-t-il fièrement à l'ensemble du corps qu'il dirige.

L'intellect ne fait pas de compromis. Il ne donne crédit qu'à ce qui peut être prouvé, qu'à ce qu'il peut voir et toucher. Si on pouvait lui donner un titre, ce serait sûrement celui de président de l'Association des sceptiques de notre corps défendant... En effet, il sème le doute aussitôt qu'il nous voit sortir des sentiers battus et tente alors par tous les moyens de nous ramener à la case de départ. Pour cela, il fait jaillir en nous la peur de se tromper ou de se faire avoir (la survie, toujours et encore la survie). L'intellect mène donc notre vie depuis toujours. Et, lorsqu'il nous verra mettre le pied sur le seuil de la porte du niveau quatre, il va se battre, car il se sentira attaqué. Il sait que s'il nous laisse faire, il aura beaucoup moins d'emprise sur nous. Aux armes, les amis. Préparez-vous au combat !

S'il y a une chose que l'intellect hait, c'est bien d'avoir tort et d'être laissé pour compte. Depuis sa naissance qu'il fait régner sa loi, ce n'est surtout pas un cheminement spirituel qui le fera rebrousser chemin. Ce dont il ne se doute pas, cependant, c'est qu'il va perdre des plumes au profit du mental, qui va peu à peu prendre sa place. Pour bien comprendre le mental, disons qu'il est l'intelligence de l'Esprit, la conscience de plus en plus élevée de cet Esprit qui nous anime.

Jusqu'ici, l'Esprit était en demi-sommeil en nous. Il attendait sagement notre réveil pour nous montrer toute sa puissance. Maintenant que c'est fait, il passera par-dessus les limites de l'intellect et nous fera vivre ce que nous avons appris (expérience). Toutes les connaissances acquises aux niveaux un, deux et trois devront dès lors être expérimentées et, si possible, transcendées, ce dont la vie se chargera en accélérant au maximum notre évolution.

Plusieurs parmi vous se reconnaissent sûrement en lisant ces lignes. Si c'est le cas, c'est que vous êtes rendus à ce stade de votre évolution. Parce qu'il n'y a plus de temps à perdre et que vous en êtes capable, votre Esprit vous invite à cesser d'apprendre pour commencer à « vivre » ce que vous voudriez enseigner aux autres (prêcher par l'exemple...).

C'est ici que la maxime qui constitue le titre de ce livre, *Quand le maître est prêt... le maître apparaît*, prend toute sa signification. Le passage du niveau émotionnel (3) au niveau mental (4) se prépare, et c'est avec l'aide d'un autre maître qui se présentera sur notre route que le processus s'enclenchera. La différence, c'est que, cette fois nous ne serons plus un disciple face à un enseignant. Ce temps est révolu. En fait, dans bien des cas, le maître ne saura même pas qu'il en est un, du moins il ne le dira pas. Il se contentera tout simplement de l'être.

La particularité de cette rencontre avec notre nouveau maître, c'est qu'il retirera autant de nous que nous de lui. Et il nous le dira dès que nous aurons tendance à le mettre sur un piédestal. Mais, me direz-vous, qu'aurait-il à apprendre de nous, lui qui sait tout ce que nous savons ? S'il nous aide à monter une marche qu'il a lui-même gravie, peut-être que c'est pour garder le contact avec des gens comme nous qui peuvent profiter de son savoir.

Ce maître fera rarement l'étalage de ses connaissances, à moins que ce ne soit vraiment nécessaire. Il nous donnera simplement accès à son énergie, à l'arôme qui s'en dégage, et nous permettra d'y puiser ce dont nous avons besoin. C'est comme si un contrat était signé entre les Esprits des deux maîtres, la durée de ce contrat dépendant de la disponibilité de l'un et de l'autre ainsi que de la vitesse d'élévation de l'apprenti sage.

Yvon et moi nous sommes donné une année pour atteindre nos objectifs communs. Je lui ai offert un an de ma vie et il a fait de même pour moi. Quel contrat ! Si j'avais lu les petits caractères... ! Nous savons exactement en quoi consiste notre mandat : s'apprivoiser, unir nos forces et en profiter, écrire ce livre, etc. Après, nous verrons ! Lorsqu'on est au niveau quatre, le temps commence à nous jouer des tours et il perd beaucoup de son importance.

Comme nous l'avons vu précédemment, ce niveau est celui où l'Esprit commence à empiéter subtilement sur l'intellect. Il y introduit le mental qui, lui, a l'avantage de pouvoir comprendre les rouages de la vie spirituelle. Son intervention dans notre développement nous permet de devenir réellement conscient de ce que nous sommes, de l'endroit d'où nous venons et où nous nous dirigeons. Plusieurs de nos croyances religieuses passées qui nous apportaient la sécurité à ce sujet deviennent peu à peu dépassées. Ce qui nous oblige à remettre en question ce que nous croyions être la vérité. Nous cheminons en eau trouble, entre deux mondes, celui qui nous est bien connu et que nous quittons sans regret, et l'autre, aussi effrayant qu'attirant, qui s'ouvre à nous.

Au moment où j'écris ces lignes, je me trouve à ce niveau et je pourrais vous entretenir durant des heures de ce que j'y vis. Que de fois on a envie de reculer lorsqu'on est à ce niveau, pour se réfugier dans notre ancien monde, et s'endormir dans la sécurité que nous offrait la connaissance des moindres recoins de celui-ci. Mais c'est plus fort que tout, notre Esprit nous pousse inlassablement dans le dos. Il nous incite à avancer vers ce qu'il sait être notre nouvelle destination, un univers inconnu mais combien fascinant !

Si nous sommes appelé à changer de niveau d'évolution, c'est forcément parce que nous nous sommes saturé dans le niveau précédent et que notre connaissance est rendue à un degré passablement élevé. Paradoxalement, c'est aussi à cette étape de notre cheminement que notre Esprit nous incite à nous défaire de notre mental, pour laisser plus de place à la compréhension spirituelle. Celle-ci ne s'appuie sur aucune théorie et elle n'a besoin d'aucune preuve. Elle ne vise que l'expérience de la félicité, le bonheur et la simplicité en tout.

C'est pourquoi l'Esprit est de plus en plus présent dans nos vies . Il communique directement avec nous, sans avoir besoin d'intermédiaires extérieurs. Il le fait par le biais de la méditation, de notre sage intérieur, de notre intuition, de nos guides, enfin tout ce qui lui permet de nous transmettre ses messages. Et c'est là que ça se complique – l'humain a tellement le don de se compliquer les choses…

L'être qui ne jurait jadis que par l'émotion recommence le même jeu, mais cette fois avec le mental. Il a de plus en plus confiance en lui et dans les vérités qu'il acquiert, ce qui le rend très attirant pour les disciples en recherche de maître. Son charisme s'intensifie et les gens viennent le consulter de plus en plus souvent pour lui demander conseil. Sa sagesse remplit ses yeux, et ceux-ci deviennent pétillants. « Enfin, quelqu'un qui sait ! » diront certains en quête de guru.

L'être du niveau quatre pourra se servir de sa sapience, même professionnellement. Il pourra écrire des livres sur la spiritualité, donner des conférences, offrir des stages en développement personnel. Plus il s'élèvera, plus il s'aimera et plus sa transparence le portera à le dire. Comme il veut que ses messages passent bien, il se devra de les mettre en application dans sa propre vie, ce qui est autre chose.

Et le voilà qui s'élève, qui s'élève encore, entraînant les autres à sa suite et comprenant graduellement le rôle d'éveilleur de conscience qui l'attend. Son corps changera aussi, car l'être de niveau quatre est de plus en plus à l'écoute de ce qu'il aime et de ce qu'il n'aime pas. La maladie viendra parfois épurer ce qui doit l'être. S'il est assez élevé, il la laissera faire son travail sans intervenir dans le processus. Ainsi, plusieurs maigriront de façon très marquée sans régime ni effort, juste en étant à l'écoute de leurs besoins. J'ai moi-même maigri de douze kilos à peine en quelques mois, sans faire d'efforts – inquiétant pour mon entourage qui me croyait malade...

C'est à ce moment que se dressera un des pièges les plus béants de toute l'évolution de l'être, et j'ai nommé l'ego ! Eh oui ! Cet être maintenant doté de grandes connaissances pourra abuser de celles-ci sans trop s'en apercevoir et se croire le seul à détenir la vérité. C'est peut-être là la revanche de son mental : il attend notre homme dans un coin sombre de la ruelle avant de passer le contrôle au niveau suivant, celui du cœur.

À force de se faire aduler et de se faire mettre sur un piédestal, cette personne aura tendance à se croire supérieure aux autres, à cause de l'étendue sans cesse grandissante de ses connaissances. Se croyant rendu au bout de la route, il se dira qu'il n'a qu'à se maintenir en santé et à enseigner ce qu'il a reçu, et il ralentira peu à peu sa progression personnelle. On l'installera sur un trône et il y siégera dans toute sa gloire. Trop occupé à parler, il n'écoutera plus, excepté, bien sûr, lors de ses interventions « professionnelles » auprès de ses disciples. En dehors de cela, il parlera, et parlera encore. Si une personne semble avoir un avis différent du sien, il cherchera à la remettre dans le droit chemin, à la ramener vers sa vérité à lui. Et le pire dans tout ça, c'est qu'il sera convaincu d'agir au nom de l'Amour.

Je suis certain que les noms de plusieurs enseignants, conférenciers, auteurs ou maîtres vous viennent à l'esprit en cet instant même. Ne les jugez pas cependant, car leur route est beaucoup plus ardue que vous ne pourriez le croire. Pensez à certains *preachers* américains aujourd'hui déchus qui se sont fait prendre dans des histoires abracadabrantes de pouvoir, de sexe ou d'argent. Leur mésaventure n'enlève rien à leur sagesse, c'est juste qu'ils sont tombés dans le piège de l'ego. C'est lui qui, sans qu'ils s'en aperçoivent, les a empêchés de gravir la marche suivante, celle du niveau cinq. (Il arrive que certains soient victimes des médias qui s'acharnent sur eux et tentent de les détruire parce qu'ils deviennent trop connus. Ainsi, on les fait regagner les rangs et la vie peut alors continuer...)

Comme je l'ai déjà dit, je suis rendu à cette étape de mon évolution, et je peux dire que le piège est réellement béant. Il est prêt à nous bouffer à l'instant où nous commençons à nous prendre un peu trop au sérieux, à jouer au sauveur de l'humanité ou au sage parmi les sages. Ce niveau est très difficile à vivre car on y est constamment ballotté, déchiré entre le haut et le bas, entre la sécurité du monde de l'émotionnel et la candeur de celui de l'Esprit. À mi-chemin – d'où la ligne qui traverse le niveau 4 (voir figure de la page 270) – un choix tout aussi déchirant s'offre à nous : monter en laissant tout derrière soi ou rester sur place, stagnant peu à peu dans la sécurité de son savoir.

Depuis que j'ai accédé à ce niveau, mon mental est constamment en ébullition. Il donne naissance à d'incessants scénarios – pas toujours roses, croyez-moi – sur mon avenir. Et je sais pertinemment que si je veux continuer à m'élever, je devrai laisser énormément de choses derrière moi, la plus importante étant peut-être mon insatiable besoin d'être aimé et reconnu pour ce que je fais.

Une grande chanteuse québécoise, Ginette Reno, dit dans une de ses chansons que « l'important, c'est d'être aimé ». J'ai cru cela longtemps mais ce n'est qu'une étape. En réalité, l'important c'est de s'aimer soi-même, sans attendre quoi que ce soi des autres. Accepter même d'être détesté lorsqu'on sent qu'on dérange ceux qui tentent sans succès de nous comprendre. C'est l'étape que je trouve la plus difficile, je l'avoue. Yvon a d'ailleurs eu une superbe vision de ce qui pousse les gens à réagir parfois durement lorsqu'ils sont dérangés. Je lui laisse la parole...

A.H.

* * *

Ce soir-là, je revenais d'une conférence que j'avais faite avec mon partenaire et ami André. Ce dernier était visiblement perturbé par l'attitude et les commentaires de quelques personnes qui avaient quitté la salle en exprimant ouvertement leur désaccord concernant certaines de mes idées. Il était évident que ces gens-là n'avaient pas apprécié d'être dérangés de la façon directe qui me caractérise lorsque je m'adresse à un auditoire à grands coups d'exemples. Ces gens étaient venus entendre quelqu'un qui leur dirait une fois de plus qu'ils étaient des êtres de Lumière, des êtres merveilleux appelés à sauver le monde. Au lieu de ces belles paroles tant de fois entendues et combien attendues par leurs oreilles, ils avaient écouté un conférencier qui leur avait déballé un paquet de vérités que tous connaissaient, mais qu'il valait mieux ne pas aborder. Alors...

Sur le chemin du retour, alors qu'André et moi roulions en silence, j'ai demandé à mon Esprit Shannaton de m'expliquer ce qui venait d'arriver du point de vue de ses yeux d'Esprit désincarné. Je me disais que je recevrais probablement une réponse qui me rassurerait. Je pourrais alors sortir de l'incertitude dans laquelle j'étais plongé, une incertitude entretenue par notre silence à tous les deux.

Je me suis alors retrouvé devant Shannaton et devant un mur immense, un mur sans fin qui semblait défiler à toute allure vers ma gauche. Puis, Shannaton leva un bras et le mur arrêta de défiler sur-le-champ, ce qui me permit de l'observer. Je constatai qu'il s'agissait d'un ensemble de cases numérotées, exactement comme les compartiments que l'on voit à la morgue. Il y avait des millions de portes : une dizaine en hauteur sur une longueur qui me semblait infinie.

Une porte s'ouvrit, et un lit en sortit pour disparaître à la vitesse de l'éclair. Un homme est alors apparu, debout à nos côtés. Il avait environ cinquante ans, il était nu et il tremblait de partout. Non parce qu'il avait froid, me fait comprendre Shannaton par télépathie, il avait simplement peur. « Peur de quoi ? » demandai-je. « Peur de sortir de son état », fut sa réponse.

Rien qu'à le regarder, il était évident que cet homme ne voulait qu'une chose : retourner dormir dans son casier. Shannaton fit alors un petit geste de la tête, et l'homme disparut dans sa case. La porte se refermait sur lui en laissant apparaître le nombre qui était gravé dessus. Le mur se remit aussitôt en mouvement.

« Je ne comprends rien ! » fis-je à Shannaton. « Voyons, mon ami ! Ne comprends-tu pas que nous avons *dé*-rangé cet homme en le sortant de son sommeil ? Il était trop bien : rien à faire, rien à choisir, rien à décider. Juste se laisser aller et suivre les autres en rang, pour l'éternité. »

Voilà donc l'explication : je dérange les gens qui ne cherchent rien d'autre que de continuer à dormir leur vie. Oui, je dis bien dormir leur vie et non pas dans leur vie. Car je ne parle pas ici de sommeil, mais d'inconscience, de facilité. Notre éducation ne nous a-t-elle pas enseigné à ne pas déranger nos semblables ? Bien sûr que si !

Y.M

À ce degré d'évolution, l'Esprit traverse l'adolescence, disons qu'il est âgé entre treize et vingt an.

Niveau cinq : la conscience

(Être, simplement être...)

Dès qu'un être réussit à sortir vainqueur des pièges du niveau quatre (l'ego, le pouvoir, l'argent, etc.), il peut accéder à l'étage suivant, le niveau cinq. Mais cela se poursuivra sur une longue période. J'ai longtemps cru y être monté à tout jamais. Mais les frasques de mon mental et mon insatiable désir de me faire aimer à tout prix me maintenaient malgré moi au niveau inférieur.

À cette étape, l'initiation ne passe plus par un autre être humain, mais par notre propre Esprit, le SOI. L'initié est maintenant en contact quasi permanent avec son Esprit, avec lequel il sait qu'il fusionnera un jour. Il n'a plus besoin d'intervention extérieure pour cela. Certes, il peut recevoir de l'aide d'autres maîtres comme lui ou plus élevés que lui, mais ceux-ci ne seront que des outils. L'initiateur principal sera toujours son propre Esprit.

Ce nouvel adulte d'Esprit comprend enfin qui il est. Il n'a plus à le prouver à qui que ce soit, car pour lui, c'est un fait établi. Il est tellement imprégné de sa sagesse – je ne dirai pas imbu, ce qui est différent et qui est plutôt un comportement de niveau quatre – que certains pourront le juger sévèrement, en particulier ses anciens amis qui n'ont pas réussi à le suivre dans sa montée fulgurante.

On dira de lui : « Mais pour qui se prend-il, celui-là ? » La méprise viendra du fait que personne ne peut apprécier chez un autre ce qu'il n'a pas en lui ou ce à quoi il n'a jamais pu toucher vraiment. C'est pourquoi ces êtres ont besoin d'être apprivoisés, car ils peuvent paraître bizarres et inaccessibles au premier abord. Un pas de plus dans leur direction et une énorme dose de persévérance feront toute la différence car, croyez-moi, ils ont beaucoup à nous apporter.

Une de mes très grandes amies, Ann, phytothérapeute et astrologue de renom, a un jour décidé d'abandonner le commerce qu'elle avait pourtant mis des années à bâtir, pour aller se terrer dans un coin perdu du Mexique. Durant un an, elle ne donna pratiquement aucun signe de vie. Elle obéissait sans doute à l'appel de son Esprit qui l'enjoignait à aller vivre son initiation là-bas. Elle revint transformée et se détourna dès lors de toute forme d'enseignement, de phytothérapie ou d'astrologie, domaines dans lesquels, je vous l'ai dit, elle jouissait d'une grande notoriété. Elle continua sa vie dans la simplicité et le détachement, et ne remit jamais en question son retrait de la vie publique.

Durant les années qui ont suivi, je la confrontais constamment avec son passé, la pressant de reprendre son travail, du moins celui d'astrologue. Rien n'y fit, Ann restait de glace. Elle me répétait patiemment qu'elle n'avait juste plus le goût. Et moi, assis fièrement sur mon trône de niveau trois, je revenais régulièrement à la charge, tel un démon tentateur : « Tu sais, Ann, si Dieu t'a donné un tel talent, c'est afin que tu l'utilises pour aider les autres. À ta place, je me sentirais coupable de ne plus rien faire... » Suivait alors le baratin habituel.

Ce n'est qu'après avoir pris conscience de l'existence des niveaux d'incarnation que j'ai compris que Ann était passée au niveau cinq. Tandis que moi, installé confortablement au niveau trois, j'essayais désespérément de la tirer vers le bas. Quelle force cela a dû lui prendre pour résister à mes assauts répétés ! Je me suis rendu chez elle et je lui ai demandé de m'excuser pour ne pas avoir compris sa démarche. Elle me répondit par un simple sourire. Maintenant que j'ai touché à quelques reprises le sol sur lequel elle vit, je peux comprendre les réactions agressives des amis qu'on laisse derrière soi.

Au niveau cinq, nos anciennes valeurs sont complètement révisées. Les désuètes sont mises au rancart, et les autres suivront bientôt. On apprend à s'aimer vraiment et on le dit ouvertement. Et les gens nous croient, car notre transparence est à son degré le plus élevé. Devenu notre ami intime, notre Esprit répond instantanément à toutes nos questions. Les initiés qui étaient déjà clairvoyants se mettent à voir clair naturellement. Ils ont moins besoin de faire appel à leur don. D'ailleurs, celui-ci sera bientôt mis au rancart, lui aussi.

Les messages qu'ils reçoivent semblent parfois irrationnels aux yeux des autres. C'est pourquoi ils préfèrent souvent se taire ou en dire le moins possible. C'est une tâche particulièrement ardue pour l'être de niveau cinq, car pour lui, tout est clair et simple. Le problème, c'est qu'il voit désormais les choses de façon tridimensionnelle (hors du temps et de l'espace) tandis que le commun des mortels ne comprend que de façon linéaire.

Plusieurs initiés de ce niveau ont tendance à se taire et à vivre en réclusion, laissant les autres « être », sans les juger et sans essayer de les changer. Le monde émotionnel ne les attire plus, ils s'en éloignent d'ailleurs dès qu'ils le peuvent. Certes, ils peuvent aller s'y tremper pendant quelque temps, pour répondre à un appel à l'aide, par exemple. Mais aussitôt leur mission accomplie, ils s'en retournent chez eux, là où les émotions n'ont plus d'emprise sur eux. Ils ont tellement donné qu'ils aspirent dorénavant à vivre en paix.

Leurs amis d'antan les ont délaissés peu à peu, puis complètement, ce qui n'est pas pour leur déplaire. De toute façon, ils ne parlaient plus le même langage. Ils ont beau tenter d'expliquer à ces gens où ils en sont rendus, ceux-ci ne veulent pas comprendre. La plupart du temps, ils ne cherchent qu'à tirer avantage de leurs amis plus évolués. La solitude devient alors naturelle, et les initiés apprennent à l'apprivoiser et à la savourer. Les rares personnes qui ont réussi à demeurer en couple jusque-là en arrivent souvent à se séparer afin de poursuivre seuls leur évolution.

Une autre chose qui dérange les amis d'antan, c'est que ces initiés ne sentent plus le besoin de se dévoiler aux autres, de dire ce qu'ils ressentent dans telle ou telle situation. Ils semblent se refermer comme une huître alors qu'au contraire, ils s'ouvrent plus largement qu'avant. Ils offrent leur sérénité aux autres au lieu de s'évertuer à l'exprimer par des mots. (Si vous connaissez de ces êtres, ne leur demandez pas pourquoi ils sont heureux. Contentez-vous de baigner dans leur plénitude, sans vous poser de questions...)

Je laisse maintenant à Yvon le soin de nous parler des deux derniers niveaux...

A.H

L'Esprit passe de vingt-et-un ans à la trentaine. Il s'agit maintenant d'un être qui devient un adulte expérimenté de sa propre vie

Niveau six : la communion

Au niveau 6, l'être a compris bien des choses. Il est devenu conscient, conscient de qui il est, de l'endroit où il est (planète, partie de l'univers), si bien qu'il commence à entrevoir la linéarité de son plan d'existence (la connaissance de ses vies antérieures et un aperçu de son avenir dans ce corps). Il développe le contact avec son Esprit et travaille à l'expansion de sa conscience.

Depuis des années qu'il était en constante communication avec son Esprit, il établira maintenant une communion perpétuelle avec ce dernier. À ce niveau, il se débarrassera totalement de son ego en l'assimilant complètement. Il y parviendra parce qu'il est en communion avec son Esprit. Vous comprendrez facilement ce que je veux dire en imaginant que cet Esprit emprunte la voix de ce vous appelez la « conscience ». Vous vous rappelez cette fameuse voix de la conscience dont on vous parlait quand vous étiez enfant ? Eh bien ! Elle existe, c'est celle de votre Esprit. Tout a déjà été enseigné, toute vérité est et a toujours été évidente. C'est seulement la façon dont on nous enseigne ces choses qui les rend inaccessibles et souvent insignifiantes pour nous.

Donc, l'être s'épure encore et encore pour devenir léger, tout léger. En fait, son corps commence à perdre de sa densité, il maigrit encore un peu, bien qu'il ait déjà perdu beaucoup de poids vers la fin du troisième niveau et tout au long du quatrième. Il lui reste encore un peu de chemin à parcourir avant que son corps de chair ne porte que ce qu'il a vraiment besoin de porter, et c'est sur cela qu'il travaille (le corps). En même temps qu'il recommence à maigrir, il commence à se décorporer consciemment. Le hasard, sans doute !

Alors débutent les voyages conscients en dehors de son enveloppe corporelle et son intégration dans d'autres réalités. Car cet être sait maintenant qu'il existe encore plus de réalités que ce qu'il pourrait imaginer. Il se contente de vivre ce qu'il peut expérimenter. Ses nuits sont devenues des moments privilégiés. Il y rencontre de nouveaux amis et expérimente continuellement de nouvelles choses, de nouveaux enseignements. Ou encore il s'accorde de merveilleux moments de détente dans des endroits que l'on n'ose même pas imaginer tellement ils sont fantastiques.

C'est à ce niveau que l'être incarné devient indépendant des autres. Il a compris que c'est de sa vie qu'il s'agit, de son expérience, et que tout ce qui existe autour de lui n'est que sa propre création, un moyen de se connaître davantage. Il comprend le plan divin et peut choisir de s'y intégrer partiellement ou totalement, en se dirigeant plus ou moins rapidement vers le niveau suivant.

C'est d'ailleurs à ce niveau que le Christ, âgé de trente ans – quel beau hasard – a entrepris ses trente mois de vie publique. Après quoi, il disparut...

Niveau sept : la fusion

À ce niveau, l'être est complètement détaché du monde que nous connaissons. Il a vu et vécu suffisamment pour savoir qui il est, ce qu'il veut être, et pour agir en conséquence. La plupart du temps, il participera encore à l'évolution de son peuple pendant un certain temps. Curieusement, ce temps sera beaucoup plus long qu'une vie normale. Pendant des siècles, voire des millénaires, il pourra aider ceux qui, comme il le faisait auparavant, vivent en ignorant qui ils sont. On appelle souvent « maîtres ascensionnés » les êtres qui ont atteint ce niveau de conscience. Ils savent ! C'est tout ce qu'il y a à dire sur eux.

Donc, ils vivent sur notre planète, mais sur une octave vibratoire plus élevée que la nôtre. Parce qu'ils ont une grande expérience de la décorporation, ils sont parvenus à laisser consciemment mourir leur corps de chair. Ils s'en sont constitué un autre par la force de leur volonté, ce qui leur a permis d'accéder à ce taux vibratoire. Leur monde ressemble à ce qu'était le nôtre avant que... nous le détruisions. Vous savez, le paradis terrestre ! Là où tout est parfait, où tout est splendide et merveilleux ! C'est là qu'ils vivent.

Ils traversent (c'est leur expression) notre Terre de façon occasionnelle et s'occupent d'aider ceux qui les appellent pour parfaire leur évolution personnelle. Ils accordent leur assistance et découvrent, par le biais des autres, certaines parties d'eux-mêmes qui auraient potentiellement pu leur échapper. Leur curiosité est sans limite ! Ils ressemblent à des enfants, à des enfants immortels et divins toujours prêts à jouer et à aider, à aimer leur prochain, si vous préférez. Leur corps est devenu un outil dont ils ont appris à se servir mieux que quiconque. Plus besoin de manger ou de boire, sinon pour le plaisir.

Ils voyagent aussi dans d'autres mondes, dont celui du Soleil qui est le centre, la porte d'entrée de notre système solaire. Incroyablement, cet astre est absolument accueillant, et les gens qui y vivent sont toujours en train d'exprimer leur bonheur. Imaginez que vous y arrivez maintenant et que l'on vous accueille. Avez-vous une idée de ce que des êtres hautement évolués peuvent déployer en vous recevant chez eux ?

Je n'en dirai pas plus sur ce niveau. Trop de gens me trouveront assez fou comme ça, après ce que je viens d'écrire. Je vous laisse donc le soin d'imaginer ce qui est accessible aux êtres qui ont atteint cette étape d'incarnation.

Y.M.

CONCLUSION

D'île en île ...

Vous savez, durant notre existence, on se promène constamment d'île en île. Lorsqu'on a fini d'en explorer une, on est invité par la vie à en visiter une autre. J'ai vécu pendant longtemps sur l'île de la religion. J'y ai passé ma jeunesse à prier un Dieu extérieur et vengeur. J'ai aimé et servi ce Dieu et je lui ai offert tellement de souffrances. Jusqu'au jour où je me suis senti trop à l'étroit sur cette île, avec ses dogmes étouffants et ses mystères indéchiffrables.

J'étais prêt à autre chose. J'ai alors rencontré un maître dont je suis devenu le disciple. Il m'a fait visiter son royaume, l'île de l'ésotérisme, l'île de la guérison par l'énergie, celle de la connaissance spirituelle et intellectuelle. Je l'ai suivi sans hésitation, je l'ai suivi et, durant des années, je me suis gavé à satiété de tous les fruits que je trouvais sur place. Voyage astral, développement du troisième œil, écriture intuitive, et j'en passe. J'avais tout à portée de la main. Beaucoup de connaissances, mais peu d'expériences de vie. Que de choses merveilleuses à apprendre cependant ! Ah ! je me suis beaucoup plu sur cette île. Mais un jour, gavé, je me suis de nouveau senti à l'étroit...

Un autre maître est apparu dans ma vie et il m'a invité à son tour sur son île, celle des émotions. J'ai sauté sur le pont de son navire, sans me poser de questions et regarder en arrière. Quel monde fascinant je découvrais sur ma nouvelle terre d'adoption ! Chaque maladie ou malaise y prenait un sens et je pouvais me guérir beaucoup plus rapidement de mes blessures. Le travail énergétique que je faisais, couplé à un travail émotionnel, donnait des résultats époustouflants. J'exprimais ouvertement mes émotions et je me suis même surpris à les pleurer et à les faire pleurer aux autres, tellement ces effusions entraînaient de libération. Que de leçons et que de joie j'ai tirées sur cette île ! Jusqu'au jour où, encore une fois, je me suis senti à l'étroit ! Mais, est-ce que ça allait se terminer un jour ?

Le maître était prêt, et le maître est apparu. Il m'a fait entrevoir au loin l'île qu'il habitait. Je l'ai suivi, craintivement au début, puis aveuglément par la suite. J'y ai découvert un domaine immense, pratiquement désert, où les frontières étaient inexistantes. Tout y était si pur et si beau que je n'ai pu résister. J'y suis demeuré quelque temps, tout en retournant périodiquement sur mon île de l'émotion. Un endroit sécuritaire dont je connaissais les moindres recoins, et aussi les limites. Ah ! ces limites ! Elles prenaient des proportions gigantesques à mes yeux. Je ne pouvais presque plus les supporter. Je prenais alors le traversier vers ma grande île. Le maître des lieux qui m'avait accueilli la première fois m'y attendait toujours avec une patience d'ange.

Depuis ce temps, je passe de plus en plus de temps sur cette île. J'y apprends à apprivoiser ma solitude. J'y apprends aussi à résister aux tentatives parfois insistantes de mes anciens amis, qui ont peur pour moi et qui essaient de me retenir, comme je l'avais fait avec mon amie Ann. J'aime tellement ces gens que je ne peux pas leur en vouloir, d'autant plus que je suis moi-même passé par là. Je sais que je ne prendrai définitivement racine sur cette île que lorsque j'aurai accepté le fait que l'important, ce n'est pas d'être aimé, mais... de s'aimer !

A.H.

> *« J'aurai beaucoup fait*
> *si je réussis à ranimer en*
> *celui qui m'écoute le souvenir*
> *de ce qu'il sait déja. »*
> Platon

Et tel est notre souhait le plus cher...

André et Yvon

PARUS AUX ÉDITIONS INCALIA
de Yvon MERCIER

L'ÉVEIL DU DORMEUR
Yvon MERCIER
Ce livre est l'initiation d'un homme qui a décidé de changer sa vie pour devenir un être conscient. L'auteur partage son expérience personnelle sur plusieurs points dont la sexualité dans la réalité d'une personne qui s'éveille. Il nous invite à prendre conscience de qui nous sommes, du monde dans lequel nous vivons et vers lequel nous nous dirigeons.
252 pages ISBN 2.922167.05.4

LES ENSEIGNEMENTS DE SHANNATON
Yvon MERCIER
La Terre subit actuellement des changements vibratoires importants que ressentent ses habitants. Shannaton nous explique pourquoi ces changements se font et quels en sont les effets sur les humains. Ce livre, écrit simplement, nous aide à mieux connaître qui nous sommes et la mission qui est la nôtre.
150 pages ISBN 2.922167.03.8

DE LA SOURCE À L'HUMAIN
Des histoires de vie
Yvon MERCIER
Premier d'une série, ce livre explique le voyage d'une âme quittant Dieu pour aller vers l'Homme. Étant devenue une bulle de vie, nous suivrons son voyage d'évolution qui l'amènera à l'être humain. Un livre précieux pour mieux comprendre et prendre en main l'évolution de sa vie.
240 pages ISBN 2.922167.02.X

PARUS AUX ÉDITIONS INCALIA
de Jean CASAULT

DIALOGUE AVEC MON SUPÉRIEUR IMMÉDIAT
Jean CASAULT
Un chercheur en ésotérisme vit brutalement un drame dans sa vie et se voit contraint d'appliquer tout ce qu'il a appris. Il sait que, malgré les limites du corps physique, nous avons accès à « autre chose », à un « supérieur immédiat ». Il va nous démontrer ici comment il est possible, pour notre mental, de débloquer la communication avec l'Esprit. 270 pages ISBN 2.922167.04.6

L'ESPRIT DE THOMAS
Jean CASAULT
L'Esprit de Thomas se révèle une œuvre forte qui développe sans fausse pudeur un ensemble de concepts spirituels des plus audacieux. Le lecteur y découvre Thomas, presque à la naissance, et suit son évolution jusqu'à l'âge adulte. Il nous fait vivre ses amours, ses craintes, ses joies et traverser avec lui de multiples expériences.
300 pages ISBN 2.922167.06.2

LE PARCHEMIN DE JACQUES
Jean CASAULT
Un roman riche et audacieux qui défie sans pudeur les textes sacrés de la Bible et des Évangiles, présentant sous un jour nouveau leurs contreparties gnostiques, d'origine essénienne et séthienne, ainsi qu'une toute nouvelle approche spectaculaire: l'anthropothéisme. Un de ces romans remarquables qui s'installent dans notre mémoire pour des années durant.

Publication à venir :
TERRA, une immersion dans l'avenir de l'humanité (roman)
Yvon MERCIER

Pour commentaires ou demandes de renseignements concernant les conférences, ateliers et voyages-ateliers offerts par André Harvey et Yvon Mercier, veuillez écrire à :

Les Éditions Incalia
4750, Boul. Hamel Bureau 105, Québec (Québec) G1P 2J9 Canada
Tél. : (418) 871-3201 / Fax: (418) 871-0573

***Visitez notre site Web* : http://www.incalia.com**